JN095067

これからの病院経営を担う人材

医療経営士テキスト

第2版

医療経営概論

病院の経営に必要な基本要素とは

中級【一般講座】

吉長成恭

1

日本医療企画

はじめに

　近年、わが国の社会構造の変化は著しく、経済のグローバル化に伴う国内経済への影響や人口構造の変化、生活者の価値観の多様化に伴う医療に対するニーズ、疾病構造の変化、医療技術の急速な進歩、医療政策の改善など、医療を取り巻く社会環境は大きく変わってきた。

　本書では、医療経営各論の内容を理解するために必要な基本的考え方を示す。日本の医療の現状と課題を踏まえ、「医療の質」と「経営の質」の向上のために、医療サービスの特性を理解し、医療サービス提供機関の経営者に求められる知識やマネジメント思考、マーケティング志向などの医療経営技術を理解するためのポイントを学習する。そのためにはまず、医療経営の基礎として、医療経営そのものを理解し、医療サービスの特殊性を整理してほしい。

　次に、チーム医療として患者中心の良質な医療サービスを提供するために、医療組織のマネジメントの概要を学ぶことが大切である。

　さらに、医療システムが経済システムに組み込まれた重要な社会的課題であることを認識する。そのために、わが国の医療システムだけでなく、とかく話題の多い国々の医療制度を俯瞰することで、わが国の医療システムを客観的に見つめ直す機会とする。

　経済のグローバル化の進展は、医療政策にも影響を与えている。国の政策は、医療ニーズの多様化に応じた医療サービス制度を提供する。医療サービスを提供する医療機関は、医療市場で生き延びるために、非営利組織の医療法人、社会福祉法人であっても、病院経営管理においてマーケティング志向によるマネジメントが不可欠である。

　医療市場とは何か？　医療従事者の内部・外部のステークホルダー（利害関係者）とは誰なのか？　失敗が許されない医療サービスの提供において、リスクマネジメントはどのように確立すべきか？　マネジャーに必要とされる資質と、管理技術などの病院経営のシノプシス（概要・あらすじ）を理解してほしい。

　病院経営管理は、一般企業の経営戦略から学ぶことを躊躇すべきではない。経営管理手法は、積極的に異業種の経験や知見から学ぶことも重要である。ガバナンスや人事管理、財務会計、ファイナンスは、必須の経営管理技術である。情報コミュニケーションシステム（ICT）は、どのような業種でも欠くことのできないシステムである。

　さらに、医療市場のグローバル化は国の政策において重要な課題であり、技術革新（イノベーション）は成長戦略に必須のテーマである。日常の病院管理業務に忙殺されながらも、時にはマクロ的視野を維持しながら、「医療の質」と「経営の質」の向上のために医療経営を学んでほしい。

吉長　成恭

目 次
contents

第1章

医療経営の基礎

1　医療経営の理解

1　本書の目的

　本書では、医療経営各論の内容を理解するために必要な基本的な考え方を示す。日本の医療の現状と課題を踏まえ、「医療の質」と「経営の質」に関して、医療サービスの特性を理解し、医療サービス提供機関の経営者に求められる知識やマネジメント思考、技術の概要を把握することを目的とする。

2　医療経営の視点

　わが国のみならず経済成長を果たした国々の医療機関を取り巻く社会環境は、人口構成では少子高齢化、疾患傾向では感染症から生活習慣病へと変化している。先進国での重大な死亡原因も、もはや急性の感染症ではなく、がんや心臓疾患、脳血管疾患、糖尿病、循環器疾患などである。今日の保健医療の分野に生じている主要な趨勢は、①疾病から健康へ、②病院から地域社会へ、③急性から慢性へ、④治療から予防へ、⑤介入からモニタリングへ、⑥処置からケアへ、⑦患者からひとつの人格へ——といった医療ニーズの変化であり、これを健康遷移と称する[1]（図1-1）。

　イギリス医療制度改革に貢献したブレア政権のブレインである社会学者アンソニー・ギデンスは著書『社会学　第4版』で「健康や病気についての知識や判断力を備えているのは医療専門家だけではないという実感が高まりだしている。私たちは誰もが、自分の身体についての理解を通じて、また食事や運動、消費様式、ライフスタイル全般に関して毎日の生活で行う選択を通じて、自分自身の安寧を解釈し、具体化できる立場にいる。こうした人々の健康に対する考え方に生じた新たな傾向は、先に略述した現代医療への批判（医療の生物学的モデルへの批判）と相まって、現代社会の健康管理システム内部での奥深い変容の誘因になりだしている」[2]と指摘している。医療機関に対する社会の期待は、提供される医療サービスが安全かつ良質であり、客観的に適切であり、患者が納得した選択の結果であるといった「患者中心の医療」に寄せられている。

＊1　S. Nettleton, "The Sociology of health and illness" Polity, 1995
＊2　アンソニー・ギデンス著『社会学　第4版』p.206、而立書房、2004年

　このような、社会的環境変化とニーズに医療機関は対応してきたといえるであろうか。医療機関は患者のニーズに応え、日進月歩の医療技術を取り入れ、すべてのスタッフが一丸となって、ファーストクラスの医療サービスが継続的に提供できる組織環境を創造し、マネジメントしなければならない。医療機関の経営の原点はここにある。

3　経営学の思想

　経営の目的は一般に利益の追求とイメージされるが、実はそうではない。アメリカの経営学者ピーター・F・ドラッカーは、経営の興味の対象は人間であり、ヒトは自分の価値観に従い、自分の強みで社会に貢献する責任がある、そして、そのことがヒトの幸せであると断言している。経営は営利企業を対象に発達してきたが、今や営利・非営利を問わず、公的セクターや教育機関、NPO、NGO、ボランティア組織にも必須のものとなっている。いわんや、非営利組織である医療機関も例外ではない。医療機関の経営は、医療サービス提供によって患者や地域社会の健康という利益を最大化することが目的にされなければならない。一般企業が顧客志向、マーケティング志向であり、顧客満足度（CS：Customer Satisfaction）と従業員満足度（ES：Employee Satisfaction）の実現を通じて、継続的なサービス提供と組織成長を目指すように、病院も患者志向、地域志向であり、患者満足と従業員満足の達成を通じて継続的な社会貢献を目指すことが経営目標となる。

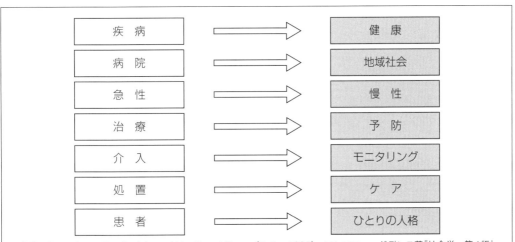

出典：S. Nettleton, The Sociology of Health and Illness（Policy,1995）、アンソニー・ギデンス著『社会学　第4版』p.207、而立書房、2004年

図1-1　健康遷移（今日の保健医療に生じている主要な趨勢）

4　コーポレート・ガバナンスと医療経営

　企業は生産する組織である。同時に、生産によってつくり出された価値を分配する機能をもっている。この価値の分配は責任と権限を附与された経営者の役割である。経営者は利害関係者（Stakeholder：ステークホルダー）に対し、チェック・アンド・バランスを図りながら経営を行う。社会的公器である企業に対する私的権力の権限と責任を附託された経営者が適切な企業の統治を行う制度的な枠組みを、コーポレート・ガバナンス（Corporate governance：企業統治）という。

　1990年代に国内外で業界全体あるいは単独企業による不祥事が相次ぎ、企業のコンプライアンス（Compliance：法令遵守）や社会的責任（CSR：Corporate Social Responsibility）としてコーポレート・ガバナンスが重要視されてきた。わが国の医療現場においても、ガバナンス機能を発揮する必要があるのはいうまでもない。

（1）医療法人の経営の透明性の確保とガバナンスの強化

　医療は公共性が高く、非営利性を維持する必要があり、医療安全の推進、医療法人経営の透明性の確保など、さまざまな角度からガバナンスの強化が求められている。第5次医療法改正（2007［平成19］年）では「出資持分」制度を廃止、第7次医療法改正（2015［平成27］年）では、さらに非営利性の形骸化が指摘され、医療法人の経営の透明性の確保およびガバナンスの強化を目的に法改正が行われた。第7次医療法改正の具体的内容は、以下のとおりである。

①会計基準の適用と公認会計士等による外部監査の義務づけ

　一定規模以上の医療法人を対象に、貸借対照表・損益計算書に関する会計処理方法を規定した医療法人会計基準（平成28年4月20日厚生労働省令第95号）の適用、公認会計士・監査法人による外部監査が義務化された。また、諸表を公告することが求められている。

②役員と特殊な関係がある事業者との取引状況に関する報告書の作成と提出

　MS（メディカルサービス）法人を含む関係事業者との取引の透明化・適性化を目的に、基準が設けられている。

③理事の責任、理事会の設置、役員の選任等に関する規定の整備

　理事の忠実義務や任務懈怠時の責任、理事会の設置、役員の選任等に関する規定について、一般社団法人と教則を合わせて整備された。理事や監事の責任が詳細に規定され、賠償責任とともにその責任は重くなっている。

（2）第7次医療法改正で改正された条文

　これに関連して改正された医療法の条文は以下のとおりである。

①病院管理者の資質や役員の選任と解任

　医療法人の役員の選任及び解任に関する改正項目は以下のとおり。社員総会の秩序を乱すものの退場、解任された理事の損害賠償請求を認めるなど、社員総会において、厳格な運営を求める規定が設けられた。

【医療法第四十六条の三の五】

3　社員総会の議長は、その命令に従わない者、その他当該社員総会の秩序を乱す者を退場させることができる。

【医療法第四十六条の五の二】

社団たる医療法人の役員は、いつでも、社員総会の決議によって解任することができる。

【医療法同上】

2　前項の規定により解任された者は、その解任について正当な理由がある場合を除き、社団たる医療法人に対し、解任によって生じた損害の賠償を請求することができる。

②権限と責任の明確化

【医療法第四十六条の六の二】

　理事長は、医療法人を代表し、医療法人の業務に関する一切の裁判上又は裁判外の行為をする権限を有する。

2　前項の権限に加えた制限は、善意の第三者に対抗することができない。

【医療法第四十六条の六の三】

　理事は、医療法人に著しい損害を及ぼす恐れのある事実があることを発見したときは、直ちに、当該事実を監事に報告しなければならない。

③理事会の職務と役員への賠償責任

【医療法第四十六条の七】

　理事会は、すべての理事で組織する。

2　理事会は次に掲げる職務を行う。

一 医療法人の業務執行

二 理事の職務の執行の監督

三 理事長の選出及び解職

【医療法第四十七条】

　社団たる医療法人の監事は、その任務を怠った時は、当該医療法人に対し、これによって生じた損害を賠償する責任を負う。

【医療法第四十九条】

　役員等は、医療法人又は第三者に生じた損害を賠償する責任を負う場合において、他の役員等も当該損害を賠償する責任を負うときは、これらの者は、連帯債務者とする。

■ (3) 第8次医療法改正における改正点

　また、第8次医療法改正 (2017[平成29]年) では、特に大学付属病院や特定機能病院におけるガバナンスの強化について、見直しがなされている。具体的には、①病院管理者の資質や選任方法、②権限と責任の明確化、開設者(学長、自治体の長など)との関係、病院の意思決定のあり方、③医療安全管理責任者の明確化(医療安全責任担当副院長など)と管理者補佐体制の強化、④死亡事例の医療安全部門への報告、⑤医療安全管理業務の外部監査、⑥特定機能病院間の相互のピアレビューの導入・実施などである。

5　マネジメントの役割

■ (1) 3種類のマネジメント

　ドラッカーは、3種類のマネジメントと3つの役割を強調している。3種類のマネジメントとは、以下の3つである[3]。
①事業のマネジメント(理念・方針・戦略を中期経営計画に落とし込む)
②管理者のマネジメント(経営計画を実行するために、優先順位で人と資源の配分を行う。つまりヒト・モノ・金・時間の最適配分)
③人と仕事のマネジメント(人的特性が最大限に発揮できるよう仕事の設計をし、採用、配置、人材育成などの人事管理を行う)
　すべての組織はマネジメントを必要とし、それに基づき運営されるが、その活動の結果は次の活動のために検証され、成功した要因と課題の抽出により評価され、次期の経営計画に反映されなければ意味がない。

■ (2) マネジメントの3つの役割

　マネジメントの3つの役割とは、以下の3つである[4]。
①自らの組織に特有の使命を果たす
②仕事を通じて働く人たちを活かす
③自らが社会に与える影響を処理するとともに、社会の問題について貢献する
　医療機関における経営は、法人の理事長あるいは病院の院長などのトップマネジメントと、事務部長、看護部長などの各部門長などのミドルマネジメントといった各階層によって執行される。しかし、患者を中心に行われるチーム医療が前提の医療サービスでは、トップマネジメントには経営階層や医療部門・非医療部門を問わず、チーム組織としてのマネ

---

[3]　P・F・ドラッカー著、上田惇生編訳『現代の経営』ダイヤモンド社、2006年
[4]　P・F・ドラッカー著、上田惇生編訳『マネジメント〔エッセンシャル版〕基本と原則』ダイヤモンド社、2001年

ジメントが必要とされる。

　このチームが共有する社会的責任と誇りが与える活動が、患者満足と従業員満足を達成する。この好循環の創造がマネジメントの役割といえよう。

6　戦略的マネジメントの基礎

　戦略的マネジメントは、医療機関が社会的に意義のある医療活動を行う場合に、マネジメントの役割を最大限に発揮するためのベクトル(方向性と力)をもっている。そのベクトルは、使命(Mission)・情熱(Passion)・実行(Action)によって支えられている。

　戦略的マネジメントの確立には、まず、自己(組織)の社会的位置づけ(ポジショニング:Positioning)の把握のために、ステークホルダー(利害関係者)との関係の確認とSWOT分析を行う。これについては第4章で詳述する。

7　戦略的マネジメントのプロセス

　ビジョンとミッションは混同すべきではないといわれる。スティーブン・G・ヒルスタッドとエリック・N・バーコウィッツは、「ビジョンとはわくわくするような未来像を描くことであり、ミッションは組織が今なぜここに存在しているかを自らが問いかけることである」といっている。たとえば、「在宅医療事業の将来に対するビジョンはナーシングホームに行かなければならない人をなくすことであり、ミッションは患者が自立できるように支援することである」と例を示している[5]。

　戦略的マネジメントのプロセスは、以下の5段階に分かれる。

▎(1)使命(Mission)あるいは理念(Philosophy)の明確化[6]

　創設者の社是や社訓をもう一度確認する。医療サービスは公共性が高く、わが国において提供組織は非営利組織の範疇にある。よって、病院の理念は社会的企業(Social Enterprise)の使命や理念と同質であるといえる。たとえば、使命を以下の3つの局面で明確化する[7]。
①社会的使命(Social Mission)
②医療サービス供給の使命(Products Mission)
③経済的使命(Economic Mission)

＊5　スティーブン・G・ヒルスタッド、エリック・N・バーコウィッツ著、目黒昭一郎訳「戦略の策定から実行まで　ヘルスケア・マーケティング」p.128、麗澤大学出版会、2007年
＊6　Peter C. Brinckerhoff "Mission-based Management" 2nd edition John Wiley& Sons, Inc. 2000
＊7　Alex Nicholls "Social Entrepreneurship –New Models of Sustainable Social Change" Oxford univ. press,2008

（2）経営環境分析

　患者中心の医療サービスであるから、経営環境は外部環境と内部環境によって影響を受ける。このため、後述するSWOT分析を基本に経営環境分析を行う。

（3）事業計画と達成・期限

　まず、課題の分析を行い、目的や達成目標を明確にする。複数の課題解決策に優先順位をつける。事業ドメイン（範囲）と期限を決定し、組織資源の配分を行う。

（4）行動計画の策定

　ここまでは組織戦略であるが、ここからは戦術として具体的に詳細な目標とロードマップ（工程表）を作成し、行動計画を策定する。想定外の事態に備え、リスク管理のためのプランを準備しておく。

（5）実践と評価

　組織内に共有された理念と達成目標に向かってチーム医療を行う。実践されたことは必ず評価し、次のステップに役立つようマネジメントする[8]。
　PDCAサイクルやRAIDモデルによる事業品質管理は後述する。

8　リーダーシップ

　リーダーには、特別な資質があるわけでない。ドラッカーは「成果を上げるリーダーに共通しているのは、自らの能力や存在を成果に結びつけるうえで必要とされる習慣的な力である」と述べている[9]。つまり、リーダーの条件は、やるべきことをやっていることである。

　リーダーシップ論には、資質論やカリスマ論などがあるが、ここではダグラス・マグレガーのX理論とY理論、アブラハム・H・マズローのZ理論とジョセフ・L・バダラッコの静かなリーダーシップについて、以下に引用して紹介する[10]。

（1）ダグラス・マグレガーのX理論とY理論

　ダグラス・マグレガーは、人間的経営の新たな考えからの出発点を示した著書『企業の人間的側面』において、人間の可能性を開放すれば、それだけ企業の業績も向上すると主

＊8　経済産業省サービス産業人材育成事業、医療経営人材育成テキスト〔ver.1.0〕、2006年
＊9　Ｐ・Ｆ・ドラッカー著、上田惇生編訳『プロフェッショナルの条件―いかに成果を上げ、成長するか』ダイヤモンド社、2001年
＊10　Ａ・Ｈ・マズロー著、金井壽宏監訳『完全なる経営　Maslow on management』pp.98～125、日本経済新聞社、2001年

張した。X理論、Y理論は経営管理様式を示すものではない。われわれの人間観の基礎にある仮定のことである。

①ふつうの人間は、働くことよりも働かないことのほうを好む。管理者や組織は、こうした人間を統制し指示を下し、それ相応の働きをするよう管理しなければならない。彼らは指示されることを好み、仕事に関しては何よりも安全性を求めている。彼らには、野心も偉大なことを成し遂げようという欲求も備わっていない。

②ふつうの人間にとって、仕事は休息や遊びと同じく自然なものであり、皆働くことを望んでいる。やりがいのある目標だと思えば、たいていの人間は自己統制しつつ自発的に仕事に取り組み、積極的に責任を引き受けようとする。彼らのひたむきな態度は恐れからくるものではなく、報酬、とりわけ達成感や自己実現といった目に見えない報酬によって導かれたものである。平均的な人間には、未開発の創造性や独創性が大いに備わっている。

①と②はそれぞれ、マグレガーがX理論とY理論と名づけた仮定に相当する。経営コンサルタントで『ビジョナリー・カンパニー』の著者ジム・コリンズは次のように語っている[11]。

「X理論的経営管理は、大半の組織において依然として支配的である。多くの経営者や企業家が心中密かに、『人間は完全に信頼できる存在ではない。その行動をチェックし、動機づけを与えてやる必要がある。一生懸命働きたいと本気で思ってはいない』と考えているのだ。恐怖、不信、強制、アメとムチ、権威主義。これらは1990年代に入ってもいっこうに衰えをみせていない。しかも、これは伝統ある大企業だけの話だけではない。多くの企業家が、自らの王国をX理論によって厳しく管理しているのである」[12]

▌(2)アブラハム・H・マズローのZ理論[13]

アブラハム・H・マズローのZ理論に関する内輪の草稿には、次のように書かれている。

「……最後に『報酬レベル』と報酬の種類の問題に注意を促しておきたい。とりわけ重要なのは、金銭以外にもさまざまな形の報酬が存在すること、そして、物質的に豊かになり精神的にも成熟してくると、金銭的報酬の重要性は低下しより高次の報酬(メタ報酬)の重要性が高まるということである。金銭的報酬が相変わらず重視されているように見える場合もある。しかし、その場合でも、金銭の持つ本来の機能が重視されているのではなく、愛や賞賛、尊敬を勝ち取ることのできる地位、成功、自尊心の象徴として重視されることの方が多いのだ……」(図1-2～3)

マグレガーやマズローの理論から見えるリーダーの役割としての課題は、人々にモチベーション(Motivation：動機)やインセンティブ(Incentive：誘因、励みになる刺激)を

---

* 11　ジム・コリンズほか著、山岡洋一訳『ビジョナリー・カンパニー』日経BP社、1995年
* 12　前掲10　p.102
* 13　前掲10　p.105

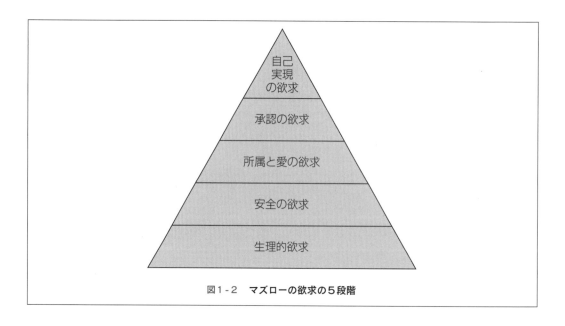

図1-2　マズローの欲求の5段階

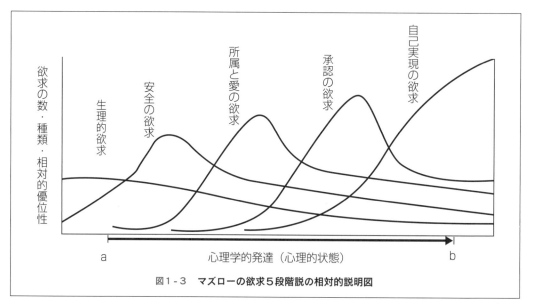

図1-3　マズローの欲求5段階説の相対的説明図

与えることではなく、動機づけられた人々が最大限の貢献をしようと自発的に努力するよう、環境を整えることである。その具体的な手順が戦略的マネジメントである。

■（3）ジョセフ・L・バダラッコの静かなリーダーシップ[14]

チーム医療を行う医療機関において、先に述べたマネジメントの階層のうち、部門長（中

＊14　Badaracco. J. L. Jr. ,"Leading Quaietly : Unorthodox Guide to Doing the Right Thing, Boston, MA." Harvard Business School Press, 2002、高木晴夫監修、夏里尚子訳『静かなリーダーシップ』翔泳社、2002年

表1-1　静かなリーダーシップとヒーロー型リーダーシップの対比

	静かなリーダーシップ	ヒーロー型リーダーシップ
性格	○自制心を働かせる ○謙虚 ○粘り強い	○明確で強固な価値観に基づいて善悪の判断をする ○勇敢で高邁な理想のために、自己を犠牲にする
リーダーシップ行動	○現実を理解する（自分の理解を過大評価しない、動機が複雑であることを認める、自分の職責を意識するなど） ○時間を稼ぐ ○創意工夫して規制を曲げる ○妥協策を考える	○状況から逃げず、ただちに大胆な対策を立て実行する ○明確なビジョンを示し、理想を貫くための行動を起こす
アウトカム	自分の価値観に基づいて生きながら、自分のキャリアや評判を危険にさらすことなく、バランスをとって問題に対処できる（実際的＝うまくやる）	勇気や献身といった教訓を人々に与え、重要な価値観を次の世代に伝える。変革を起こす。人々から賞賛され感謝される（理想的＝体当たり）

出典：勝原裕美子「『静かなリーダーシップ』による倫理的意思決定－病院看護部長の体験事例から」『組織科学』Vol.37 No.4、白桃書房、2004年

間管理職）によるミドルマネジメントのリーダーシップには重要な役割がある。医療機関においてバダラッコの静かなリーダーシップは、カリスマ性の高い、いわゆるヒーロー型のリーダーシップとの役割分担で機能を発揮する可能性を秘めている（表1-1）。

▌(4)ホーソン工場実験とリーダーシップ

　経営学を学ぶ者にとって、メーヨーとレスリスバーガーによるホーソン工場実験はあまりにも有名である。それは、初期人間関係論における非公式組織（インフォーマル・オーガニゼーション）の公式組織（フォーマル・オーガニゼーション）に対する影響についての実験である。要約すると、以下のようになる。

①従業員は仕事上の人間関係を通じて、自然発生的に非公式組織を形成している

②この非公式組織には成員が従うべき規範があり、成員の行動を実質的にコントロールしている

③この非公式組織の規範が企業の経営目的に対し支持的であれば、その企業組織の生産性は向上する

④この非公式組織の規範と人間関係の良し悪しは、経営者の組織管理行動に大きく影響を受ける

　つまり、非公式組織は企業全体の経営や生産性に大きく関与している事実を、このホーソン工場実験の結果は示している。その影響の程度は、公式組織の経営者や管理者が非公式組織の存在とどのように関わるかによる。

　リーダーシップ研究は、グループ・ダイナミックス（集団行動研究）の創始者クルト・レ

ヴィン（Kurt Levin、1880〜1947）によって進化し、リーダーの集団に及ぼす影響からリーダーを(a)民主型、(b)専制型、(c)自由放任型——と初めて類型した。

　坂下は、リーダーについて、以下のように、リーダーシップ研究で有名なミシガン研究を紹介している[15]。

①規定された仕事方法と標準時間によって厳格に監督するのではなく、部下たちの人間的問題にも気を配って、効果的な仕事集団をつくろうと努力している

②部下が過ちを犯してもとがめだてせず、彼がそれを教育的経験として学習するよう指導している

---

[15]　坂下昭宜著『経営学への招待』白桃書房、1996年

② 医療機関経営者に求められる資質とスキル

　医療機関経営者に求められるリーダーの条件は、ひと言でいえばコミュニケーション能力である。チーム医療そのものは、医療組織の"学習する文化"を前提としている。この基盤に基づいて、コーポレート・ガバナンスを確立させることが医療機関経営者の任務である。

　医療機関経営者の資質と学習と経験によってリーダーシップが形成され、医療サービス組織の成長が確保されるが、医療サービスの捉え方は3つの観点に分けられる。すなわち、「医療サービスそのものの特性の理解」「医療サービス生産の特徴の理解」「医療サービス提供の特殊性の理解」である。

1 医療サービスそのものの特性の理解

　医療サービスは生命の維持や生活の質（QOL：Quality of Life）に直接影響を及ぼすサービスであり、結果の不確実性が強い。さらに、医療サービスは受益者が個人に帰属すると同時に、社会全体の利益に直結する。つまり、社会的共通資本（学校教育、安全、水、空気、森林）[1]と同様に、さまざまな制度的、経済的影響を受ける。医療制度、医療保険制度、社会保障制度、診療報酬制度の改定、地域医療政策、医療経済、医療関連産業の動向等の特性を理解する必要がある。また、日進月歩する医学や医療技術の進歩にアンテナを張っておかなければならない。

　医療サービスはモノの生産と供給でなくサービスの生産と供給であることから、マーケティング戦略としては、サービスマーケティング、とりわけホスピタリティ・マーケティング志向でなければならない。また、医療サービスは提供者が公的セクター、民間セクターを問わず、その公共性・公平性が担保されなければならない。

2 医療サービス生産の特徴の理解

　医療サービス生産の特徴としては、①医療従事者優位の生産体制、②誇示的生産関数と非効率の発生、③複合組織のもたらす利害調整の必要性——の3つが挙げられる。また、

＊1　宇沢弘文・國則守生編『制度資本の経済学』東京大学出版会、1995年

①医療従事者優位の生産体制は、1）需要予測の困難性、2）生産の緊急性、3）情報の非対称性(医療従事者と患者間の情報ギャップ)に細分される。

医療サービス生産は、一般のサービス生産特徴に加えて、次に挙げるいくつかの特殊性がある。

■（1）無形性

対人サービス商品、形がなく専門的、消費者にとってわかりにくい商品、製品の在庫なし(後述)、作り置きできない(在庫を持つことができない)、生産場所から他の場所に移動できない(しかし、サービスの予約やサービスを実際に消費する権利は流通する)、さらに、一過性・不可逆性、バラツキ性がある。

■（2）生産と消費の同時性

対人サービスでは、生産と消費が同時に発生する。しかし、生産と消費が同時でないサービス、たとえば、クリーニングや電化製品の修理などのサービスは、所有者の手を離れて物理的加工を加えることができるのに対し、医療サービスは患者の身体と切り離して物理的加工を加えることは極めて少ない。また、サービス組織は環境からの刺激を直接受けてしまう。医療サービスに在庫はない。

■（3）結果と過程の等価性

対人サービスでは、活動の経過を顧客が体験することになる。結果と過程の等価的重要性が存在する。診療やケアのプロセスに結果と同等の重要性があり、プロセスそのものが商品・成果物になる。患者の通院経路→病院(受付→診療→検査→診断と説明→会計)→帰路の過程全体が患者価値になる。人生や生命を賭けて受診→間違いが許されないプロセス。医療や福祉サービスの特徴がここにある。

■（4）生産性

顧客との共同生産であり、たとえば、顧客にとって何か利益になるように工夫されている。スーパー、セルフサービス、自動改札、ATM現金自動受け払い機などは、顧客側にとって迅速性・簡便性が価値であるが、生産者側にとっては人件費・コスト軽減が価値である。この側面からも患者の積極的な参加が不可欠である。特に、患者の積極的参加は安全管理に役立つつ、ちょっとした情報伝達・確認、プロモーション(口コミ)などのマンパワーにも匹敵することがある。この意味で患者はビジネスパートナー的存在である。

■（5）情報の非対称性

医療従事者(専門知識)と患者の知識には情報の非対称性が初期から存在する。たとえば、

患者にとって待ち時間、医療従事者の態度、建物、什器設備(アメニティ)の認識は、医療サービス購入上の重要なサービス満足因子であるが、医療サービス提供側はさほど重要な価値を意識していない場合もある。インターネットやその他のメディア接触により慢性疾患患者の知識・情報量は医療サービス提供側より多くタイムリーな場合がある。「エンドユーザーは誰か?」を常に意識することが重要となる。鑑別診断と処方の意志決定は医療側にとって覚悟の必要(医療サービスを提供する側が購買決定をする)。インフォームド・コンセント(説明と同意)やインフォームド・デシジョン(購買の意志決定:患者、家族、その他)の関係を留意しておく必要がある。

(6)結果の不確実性

医療は命を救う尊い職業だが、命を差し出すのは患者であり、その結果は確率や統計学的処理の結果に従わないことがある。予測される治療結果は、患者がリスク選好的か否かなどパーソナリティにより影響されることがある。

図1-4に、サービスとしての医療と一般サービスにおける競争性の比較を示す。

3　医療サービス提供の特殊性の理解

医療サービス提供の特殊性は、インターネットやマスメディアによる情報開示が進んでいる今日においても、提供者側と患者側との情報の非対称性にある。情報の非対称性の経済的意味は、「完備情報の下なら合意によって効率性が達成できる場合でも、さまざまな計画がもたらす各当事者間の費用・便益を当人しか知らないとき、あるいは、いろいろな

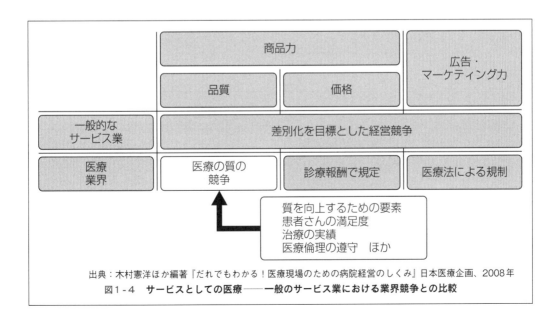

出典:木村憲洋ほか編著『だれでもわかる!医療現場のための病院経営のしくみ』日本医療企画、2008年

図1-4　サービスとしての医療──一般のサービス業における業界競争との比較

結果の発生確率が私的情報になっているとき、このような情報の非対称性によって、合意そのものへの到達が妨げられることがある」[*2]であるが、医療サービスにおいては医療情報の非対称性が歴然としているにもかかわらず、インフォームド・コンセントやインフォームド・デシジョンによって合意に達する。この場合の情報の非対称性は、医療サービス提供者側の情報の多さと患者側の情報の少なさの関係だけではない。地域社会において住民が発信する医療ニーズは、医療現場で医療サービス提供者が患者から直接受け取る医療ニーズ情報よりも、質的・量的にも大であるという特殊性を理解する必要がある。

　また、医療組織そのものは多くの専門職能集団で形成されている。細分化された専門職能集団が多ければ多いほど、非公式的組織集団は多種多様化する傾向にある。その多くの専門職能集団組織で患者中心に質の高いチーム医療を提供するには、医療サービス提供組織の管理技術の向上が絶えず要求される。

4　医療サービス提供の責任と評価

　医療サービス提供の責任と評価は、以下の6つの視点で行う。
①説明責任：患者に対し、医療情報の非対称性を可能な限り少なくする
②寛容性：生命観、人生観などの価値観について多様性を認める
③透明性：セカンド・オピニオンなどの第三者の介入を推進する
④公平性：組織の非営利性を共有する
⑤科学性：提供する医療サービスを科学的根拠のある手法で評価する
⑥公共性：地域社会における医療サービスの価値を評価する

5　組織経営管理上の基本的な能力

　高い志とコミュニケーション能力、そして問題解決能力は、組織経営管理上の基本的な能力である。高い志とは私欲にとらわれず、自己の経営管理する組織の変革と成長について情熱を燃やす倫理観である。組織内外のステークホルダーとのコミュニケーション能力があり、交渉力と指導力を備えていることも必要である。また、新しい社会的環境の変化をいち早く分析し、的確な方策を好機で職員に示し、その活動に自らが主体的に関与していくべきである。さらに、外部の経営環境と内部の経営環境における課題解決能力を発揮することで、職員も自律して課題解決をする力を育むようになる。

---

*2　ポール・ミルグロム、ジョン・ロバーツ著、奥野正寛・伊藤秀史ほか訳『組織の経済学』NTT出版、2000年

③ 医療サービスの倫理

　倫理の概念は、社会での成員相互間の行為を規制するもの——法律、道徳あるいは社会習慣(公序良俗)から派生した。法律は外面的強制力を伴うものであり、道徳は人の踏み行うべき道、内面的なものである。倫理とは道徳の規範となる原理であり、倫理指針など準強制力のあるものも存在する。

1　医の倫理

　まず、医学・医療の倫理について学習する。医師のあり方について考えるときに常に思い出すのが『扶氏医戒之略』いわゆる『医戒』である。ベルリン大学教授クリストフ・ヴィルヘルム・フーフェラントの著書を、幕末の蘭方医で、適塾(現在の大阪大学)を開いた緒方洪庵が翻訳し門人に説いたものである。巻末には、医師が守るべき12か条の戒めが記されている。基本的な姿勢は、病める人を救わんとする心である。

　そのほか、古来、医の倫理規定として知られるもののそれぞれ一部を以下に記す。

┃ (1)ヒポクラテスの誓い(一部)

①恩師への服従
②能力と判断の及ぶ限り患者の利益を目的として治療する。不正目的の治療はしない
③求められても安楽死や堕胎の手助けはしない
④患者等他人の秘密を守る

┃ (2)ジュネーブ宣言(世界医師会、1948年)

①生涯を人類に奉仕する
②恩師に尊敬と感謝の念を捧げる
③患者の健康を第一に考える
④患者の秘密の厳守
⑤国籍、人種、宗教、社会的地位による差別の禁止
⑥受胎の瞬間から人命を最大限に尊重する
⑦たとえ脅迫があっても人道の法則に反して医学の知識を用いない

▌(3)医の倫理に関する国際規定(世界医師会)

①医師の一般的な義務：医学水準の保持

②営利性の排除

③医療費以外の金銭授受の禁止

④身体的、精神的に有害な行為や助言の禁止

⑤新事実や新技術の発表は慎重に

⑥立証できないことを証言しない

⑦病人に対する医師の義務：人命保護に全力を尽くす義務

⑧善管注意義務：自己の能力の限界をわきまえる

⑨守秘義務

⑩緊急医療に対する義務

⑪医師相互の義務：ほかの医師に対する態度に注意する

⑫よその患者をそそのかさない

2　医の倫理の対象

　医療倫理とは臨床現場における倫理のことを示し、以下の分野を対象としている。

①医師・患者関係(説明義務、守秘義務、善管注意義務など)

②生命倫理(生命の萌芽、死に対する倫理：人工授精、クローン、堕胎、脳死、安楽死、尊厳死、ターミナルケア)

③最先端医療(研究的側面、不測の危険性を伴う：遺伝子治療、臓器移植)

3　医療倫理と患者中心の医療

　いわゆる古代ギリシャのヒポクラテス時代から、これまでの医療提供における医師と患者の関係は、患者本人の意向に関わりなく、生活や行動に干渉し制限を加えるべきであるとする考え方、つまり親と子、上司と部下の関係などにみられるパターナリズム(父権主義)であった。医療情報の非対称性も加わり、医師主導の医療環境であった。しかし、現在では患者主導(患者の自己決定権の重視・医療参加)に変わった。

　1979年にビーチャム(T. L. Beauchamp)とチルドレス(J. F. Childress)[1]は、「医療倫理の4原則」として、①自律尊重(respect for autonomy)、②無危害(non-maleficence)、③善行(beneficence)、④正義(justice)の4つを提唱した。

---

[1]　Beauchamp TL, et al：Principles of Biomedical Ethics. 5th ed. Oxford University Press, 2001(生命医学倫理. 第5版. 立木教夫, 他, 監訳. 麗澤大学出版会, 2009).

　前述したように、医学には古くから伝統的な原則というべきものがあったが、20世紀以降の医療や医学におけるさまざまな倫理的問題に対して、多様な価値観に汎用可能な方法論が求められ、その原則として示している。

（1）治療方法の選択権

　インフォームド・コンセント（説明と同意）あるいはインフォームド・デシジョン（説明と意思決定）は現在、医療の法律的必要性であり、医師・患者の医療上の契約関係であり、医療サービスの質とサービス対価が前提となる。これには相互理解と同意が不可欠である。

（2）告知

　自らの死を選ぶ権利：脳死、安楽死、尊厳死。

（3）生命の萌芽に対する権利

　人工授精、クローン、堕胎。

（4）医師のマナー

　態度・身なり（たとえば、アメリカのクリストファー外科学書は、医師たるものジーンズを院内ではくべきではないとしている）。

（5）コミュニケーション

　患者の立場に立って耳を傾け、良好な医師・患者関係を構築する。

4　看護の倫理とケアの本質

　医療サービスの倫理は、看護や介護サービスの倫理とともに構成されるべきである。看護の倫理としては、フローレンス・ナイチンゲールやマザー・テレサに代表されるような慈愛に満ちた人間性が、看護活動の根底に奥深く浸透している。『ケアの本質』[*2]においては、ケアが人間に対し上下のような傾斜関係でなく、ひとりの人格として人間全体を視野に入れ、働きかけるという心構えを示唆している。同書では、医学的ケア、医療的ケア、看護ケア、福祉におけるケア、教育上のケアなど、さまざまな場面での普遍的なケアの意味を学ぶことができる。

＊2　ミルトン・メイヤロフ著、田村真・向野宣之訳『ケアの本質—生きることの意味』ゆみる出版、2004年

5 医療従事者の倫理

■（1）患者と医師の信頼関係

　2004（平成16）年の『厚生労働白書』には、患者・医師関係の現状について以下のように記されている。

　「近年、医事関係訴訟の数は急激に増加してきている。日本医師会総合政策研究機構『第1回医療に関する国民意識調査（2002年度）』（『日医総研調査』）によると、医事関係訴訟が増加してきている理由として、医師は『患者意識の変化』（73.5％）、『患者と医師との信頼関係の低下』（63.5％）を、国民は『医師や医療機関の対応の悪さ』（45.9％）、『患者と医師との信頼関係の低下』（37.8％）をあげている」

　（株）UFJ総合研究所（現・三菱UFJリサーチ＆コンサルティング（株））「生活と健康リスクに関する意識調査」（厚生労働省委託、2004年）によると、「医療機関や医師等に対し不安を感じることが『よくある』者は15.6％、『時々ある』者は57.7％と、7割を超える者が医療に不安を感じている」[*3]。このことが示すように、患者と医師との信頼関係は低下しており、医療従事者の倫理原則の再確認が求められている。

■（2）職能団体が定める倫理綱領

　日本医師会は、1951（昭和26）年に「医師の倫理」を制定し、医師の行為の根本は仁術であることを掲げた。しかし、その内容は医療提供側である医師の心構えが中心であり、医療を受ける側である患者の人権尊重について視点が欠けていた。

　改訂版ともいえる2000（平成12）年の「医師の倫理綱領」では、「医師は医療を受ける人々の人格を尊重し、優しい心で接するとともに、医療内容についてよく説明し、信頼を得るように努める」という項目を加筆し、インフォームド・コンセントの観点から患者との信頼関係を築く必要性を求めている。

　日本看護協会は、1985（昭和63）年に「看護婦の倫理規定」を制定。2003（平成15）年には近年の価値観の多様化を鑑み、人権や自己決定権の尊重の重要性を求め、「看護者の倫理要綱」として「看護婦の倫理規定」を見直した。そこには患者との信頼関係の構築、患者の知る権利や自己決定権の尊重・擁護が加わっている。その根底にある「ナイチンゲール誓詞」や「ヒポクラテスの誓い」などの倫理から、新しい社会的価値観を汲んで看護に活かしている。

　医師、看護師以外の職能団体でも倫理に関する綱領や規定が作成されている。日本薬剤師会による「薬剤師行動規範」（2018［平成30］年に「薬剤師倫理規定」から刷新）では薬剤の調剤、創製、供給に関する薬剤師としての確固たる倫理を、日本栄養士会による「栄養士

＊3　http://www.hakusyo.mhlw.go.jp/wpdocs/hpax200401/b0066.html　『平成16年厚生労働白書』

倫理綱領」では栄養士、日本臨床衛生検査技師会による「倫理綱領」では検査技師としての強い倫理観が明文化されている。その他、日本放射線技師会、日本ソーシャルワーカー協会、日本理学療法士協会なども含め、多くの職能団体の倫理綱領や倫理規定では、学術的研鑽、国民の生活の向上に寄与、他人の人権を尊重、守秘義務といった倫理観がうたわれている。

▐ (3)医療に関する世論調査

特定非営利活動法人日本医療政策機構が2019（令和元）年9月に公表した「2019年日本の医療に関する世論調査」では、2006（平成18）年から継続的に調査を行ってきた日本の医療および医療制度に対する満足度に加え、医療政策への国民の参画、国民皆保険制度の持続可能性、昨今話題となっている高額医薬品、薬剤耐性、ワクチンについて調査を行っている。調査結果の概要は、以下のとおりである。

①日本の医療および医療制度に対する満足度

62％が満足。項目別では「医療の安全性」に対する満足度が最も高い項目になっている（図1-5）。

②医療政策への国民の参画

医療政策の策定プロセスにおいて、約8割が「自分の声を医療政策に反映させたい」と回答している。また、より良い医療の提供のために、86.8％が「様々なステークホルダーの協働が重要」と回答している（図1-6）。

③国民皆保険制度の持続可能性・高額医薬品

約8割が高額医薬品の保険適用に肯定的な回答をしている。

④薬剤耐性

半数以上が抗菌薬／抗生物質が風邪やインフルエンザに効果がないということを知らない。

⑤ワクチン

約7割が「HPVワクチンは、HPVへの感染やがんになる一歩手前の状態になることを予防する効果がある」ことを知らない。

④薬剤耐性、⑤ワクチンについては、一般的に医療の専門性が高まるとともに、情報の非対称性は拡大しがちであるが、患者との良好なコミュニケーションで信頼関係を保つことはインフォームド・コンセントを構築するうえで大切である。これにより質の高い医療サービスの提供が可能になる。

これらのニーズから医療従事者には、患者中心の倫理観、患者との信頼関係や多様な価値観による協働が強く求められており、患者や地域社会といった医療を受ける立場の理解とともに医療提供の質の向上を目指す必要がある。

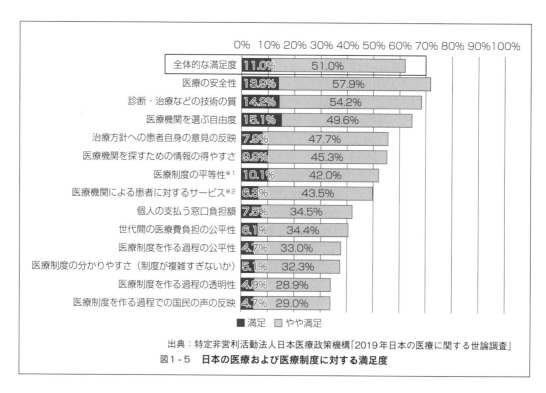

出典：特定非営利活動法人日本医療政策機構「2019年日本の医療に関する世論調査」

図1-5　日本の医療および医療制度に対する満足度

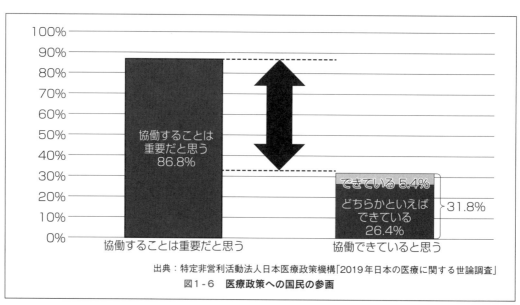

出典：特定非営利活動法人日本医療政策機構「2019年日本の医療に関する世論調査」

図1-6　医療政策への国民の参画

6　医療機関の社会的責任

　企業経営は経営者の哲学的思想に委ねられ、企業の社会的責任はその倫理観の執行にある。医療機関経営者は医療経営戦略の構築のために、医の倫理をはじめ、医療サービスに

関連する専門職能分野にあるそれぞれの倫理観を学び、経営理念や社会的使命を策定すべきである。一般企業のCSRの動向を見てもわかるように、医療機関の社会的責任(HSR：Hospital Social Responsibility)が要求される。企業価値とコーポレート・レピュテーション(Corporate Reputation：社会的評価)が注目される中、医療機関の価値は社会から受ける評価に大きく影響を受ける。単に医療サービスの提供のみならず、以下の6つの点について社会的責任を要求される。

①医療サービスの質の担保

②経営成果

③ステークホルダーとの関係責任

④環境・社会への責任ある関与(環境問題への対応、地域貢献など)

⑤コンプライアンス(法令遵守)

⑥ガバナンス機能

　①から④は、主に社会的評価による医療機関の価値である。加えて、⑤と⑥のいわゆる組織の内部統制の仕組みが構築されることにより、社会から安心と信頼を得る健全な経営組織体としての医療機関の価値が高められる[4]。

＊4　松田貴典編著『コーポレート・レピュテーション戦略─信頼される企業に向けて』工業調査会、2007年

問題 1 リーダーの部下に対する役割について、次の選択肢のうち最も重要なものを1つ選べ。

〔選択肢〕

①モチベーションへの働きかけ

②インセンティブの付与

③カリスマ性の発揮

④アメとムチによる育成

⑤自発的に努力する環境の整備

確認問題

解答 1　⑤

解説 1

マグレガーやマズローの理論から見たリーダーの役割としての課題は、人々に
モチベーション（Motivation：動機）やインセンティブ（Incentive：誘因、励
みになる刺激）を与えることではなく、動機づけられた人々が最大限の貢献を
しようと自発的に努力するよう、環境を整えることである。よって①から④も
必要だが、⑤が最も大事である。

第2章

組織行動のマネジメント

1 マネジャーに必要な要件
2 マネジメントに必要な基本的経営手法

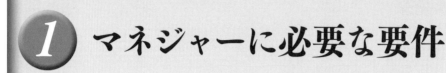

マネジャーに必要な要件

　これまでのビジネススクールでは、経営管理者を対象に経済学、会計学、財政学、定量分析に関するマネジメント技術を中心にカリキュラムが構成されていたが、1990年代から組織行動(OB：Organizational Behavior)管理におけるニーズに応じた科目編成になった。特に人間関係と組織行動に関する課題が重視され、この課題を解決するために対人関係スキル習得の必要性が生じている。マネジメントは技術的なスキルとともに、優れた人間関係スキルをもつことが要求されるようになった。経営現場で遭遇する共通課題は、外部組織や環境の変化と内部組織の対応、内部組織での対人関係のぎこちなさ(コミュニケーション・スキルの欠如)、従業員の希薄な帰属感とモチベーションの低下などである。そこで重要視されているのが、組織行動のマネジメントである。スティーブン・P・ロビンスは組織行動学の目的を、人間の行動について説明し、予測し、統制することを助けることとしている[*1]。

　ここでは、マネジャーに必要とされる要件とは何かを考えてみよう。以下において、スティーブン・P・ロビンスの組織行動学を医療機関の組織行動に当てはめて考察する。

1 グローバル化への対応

　一般企業はもちろん、医療機関も今や国内の医療サービスだけの概念で事業をする時代ではなくなった。自国の医療制度や社会保障制度は国内法の制限を受けるが、国際化の進展に伴い、シンガポールやバンコクなどアジアの主要都市においてはメディカル・ツーリズム(医療観光)政策や経済連携協定(EPA：Economic Partnership Agreement)によりアジア諸国からの介護職・看護職の受け入れが現実になっている。一方、日本国内では国際標準化機構(ISO：International Organization for Standardization)が規定するサービスや環境に関する国際規格の認証取得のほか、国際病院評価機構(JCI：Joint Commission International)の認定取得も、まだまだ諸外国に遅れている。

＊1　スティーブン・P・ロビンス著、高木晴夫訳『組織行動のマネジメント』ダイヤモンド社、2009年

2 多様化する労働力のマネジメント

多様化する労働力とは、前述の外国人労働者の受け入れという意味では、多様な文化を背景にもつ職員で構成される医療の組織化が進むということである。また、年齢層や性別で多様な世代の人々が専門職能を発揮するような組織をマネジメントする能力が求められる。看護職はすでに女性だけの職場ではなくなったし、医療機関も障害者雇用率を上げて社会的責任を果たさなければならない。福利厚生面では、個人の特性を認め尊重したうえで適正な人事管理がなされなければ離職率に影響を及ぼす。

3 品質と生産性の向上

総合的品質管理(TQM：Total Quality Management)は、マーケティング・コンセプトの流れからわかるように、生産志向からマーケット志向への変遷と大きく関連している。品質管理は顧客満足(患者満足)の達成を目指す活動である。PDCAサイクルは極めて有名なマネジメントシステムであるが、医療サービスにおけるTQMにはさらにシステム進化が要求される。

4 コミュニケーション力

組織行動学の根幹にあるのが対人関係、つまりコミュニケーション力である。チーム医療による最高の医療サービスを提供する組織になるためには、コミュニケーション力が必須となる。従業員のモチベーションを高め、インセンティブ設計を具体化し、コミュニケーション能力を組織全体に浸透させることで、患者中心のより効率的なチームが組成される。

5 顧客サービス改善

消費者が自分の商品やサービスを購入してくれたときから、消費者は自分の顧客となる。顧客のアフターケアの需要性は、ホテル・サービス産業に学ぶべき点が多い。たとえば、スターウッド・ホテル＆リゾートのフラグシップであるホテル・シェラトンのサービスとアフターケアは定評がある。医療サービスでも、メイヨー・クリニック[2]など学ぶべき事例は多くある。病院のマネジャーは、職員の態度や行動あるいは職員満足度(ES：Employee Satisfaction)がいかに患者満足度(PS：Patient Satisfaction)と密接につながっているかを知っている組織文化を醸成する役割を担う。そのために、スタッフが一丸となっ

---

[2] レナード・L・ベリー、ケント・D・セルトマン著、古川奈々子訳『すべてのサービスは患者のために—伝説の医療機関"メイヨー・クリニック"に学ぶサービスの核心』マグロウヒル・ビジネス・プロフェッショナル・シリーズ、日本出版貿易、2009年

て、自発的に患者のニーズに迅速に対応するような指針を具体的に示す必要がある。このことは、サービスの質管理や医療上のリスク・マネジメントにも関連し、医療紛争防止の第一歩でもある。

6　部下への権限委譲(エンパワーメント)

　医療現場では、チーム医療の組織形成や連携は予想以上に困難なことが多い。そのため、管理者と部下との関係においてその中間位置で機能する人材の呼称がクローズアップされるようになった。たとえば、コーチ、アドバイザー、ファシリテーター、チューター、メンター、モデュレーター、コーディネーター等である。会議形式も一般の会議や委員会をはじめ、部門連絡・連携会議、ミーティング、ワークショップ、談義、オフサイト・ミーティング等がある。現場組織形態も規定された組織構造とは別に、問題解決型の組織、たとえばワーキングチーム、タスクフォース(推進委員会)、さらに間接的に問題解決に影響を及ぼす可能性があるプロジェクトグループにいたる、公式組織と非公式組織との中間に位置する組織が、全体の組織行動に重要な役割を果たすようになってきた。部下への権限委譲は、単に職階上の部下に公的・私的権限を委譲するだけに限らず、現場組織での知的生産を推し進めるために、多様な人材を活用し会議形態や組織形態、あるいは課題抽出と意思決定のプロセスにおいて権限委譲を検討し、参加者の自己責任に裏づけられた意思決定を促すことがリーダーシップに求められる。また、マネジャーの部下へのエンパワーメントが責任委譲と同義ではないことを忘れてはならない。

　部下への権限委譲とは異なるが、医師の業務委譲と診療看護師(ナース・プラクティショナー)の業務拡大が、イギリスをはじめ諸外国やわが国において目下の課題となっているが、キャリア・パス・フレームワークの充実が前提となる。同様に、組織構造上の部下への権限委譲の場合にも、組織内キャリア・パス・フレームワークと一緒に検討して実施する必要がある。わが国においては、2015(平成27)年10月より「特定行為に係る看護師の研修制度」が創設され、研修を修了した看護師は医師の指示(手順書)を受けて診療の補助(38の特定行為)を実施できるようになった。

7　ネットワーク化された職場で効率的に働ける環境創造

　もはや医療サービス提供は組織内、組織外を問わず多様なネットワークでつながっている。コンピュータ・ネットワークによる情報の共有化が進化することで、以前よりも医療サービスにおける情報の非対称化は軽減された。しかしその結果、個人間の情報・意見交換は種々の機器を介して行われ、オンライン上のコミュニケーション・スキルが習得される半面、オフラインでの対面コミュニケーションは苦手となる傾向にある。コンピュータ・

ネットワークの欠点は場の空気[*3]が読めないことにあるため、社会脳（ソーシャル・ブレインズ）[*4]の形成が未熟になってきているのではなかろうか。マネジャーには、オン・オフラインの双方のネットワークをバランスよく活用して、スタッフが効率的に働ける環境を提供する能力が求められる。

8 イノベーションの促進

医療の質の向上は、イノベーション・マインドの成果といえる。マネジャーのチャレンジ精神と、個人および部署そして組織が全体として学習する文化によってイノベーションが育つ。組織の安定した成長は絶え間ないチャレンジ精神の維持による。イノベーションは多機能化や、製品やサービスの重装備とは限らない。イノベーションの今日的話題は、クレイトン・クリステンセンの「破壊的イノベーション」の医療版である[*5]。

9 「束の間」のマネジメント

医療サービスは、グローバル化や生産性の向上、絶え間ないイノベーションの中で、チーム医療によって提供されている。医療機関には、人材も含めいろいろな業務がアウトソーシングの適用になる。そのような業務の流れの中で、現場スタッフには迅速かつ柔軟な対応が要求される。それも流れの中の「束の間」に要求されるため、見過ごしてしまうこともしばしば生じるかもしれない。その「束の間」の機会を逃さず、業務マネジメント力を発揮する必要がある。人材の流動化も極めて進んでいるため、福利厚生の継続も含め業務をスムーズに移行できるシステム・マネジメントが求められる。

10 ワーク・ライフ・バランスに関する問題への対応力

労働市場の流動化に伴い、個人の「働くこと」に対する意識が変化している。個人の没個性化や、個人の生活を犠牲にしたワークスタイルは過去のものとなった。マネジャーは、従業員満足度（ES）やスタッフ個人の幸福度が医療サービスの質向上にいかに影響を及ぼすかについて検討する必要がある。つまり、ワーク・ライフ・バランスの視点が重視される。マーケティングの現代的観点は、財・サービス、価格、流通、プロモーションに限定されたものではなく、労働の満足や生活の質にも置かれている。ESのみならず、患者満

---

*3　山本七平著『空気の研究』文藝春秋、1983年
*4　藤井直敬著『ソーシャルブレインズ入門』講談社現代新書、2010年
*5　Clayton. Christensen, Jerome. H. Grossman, M. D., Jason Hwang "The Innovator's Prescription : A Disruptive Solution for Health Care" McGraw-Hill, 2008

足度(PS)も、患者自身の生活の質に影響を受けるため、医療サービス提供者は医療の選択において患者のライフスタイルを考慮する必要がある。

11　部下の忠誠心の低下への対処

　これまで企業で働く人々は、年功序列制の賃金形態の下で、いわば安定した雇用関係の中にあった。一生懸命働けば、解雇勧告におびえることなく仕事を保障され、報酬や各種手当が自分の労働の価値を認めてくれたため、組織への帰属感や忠誠心も強くなった。しかし、グローバル化や雇用市場の流動化、景気変動などで、雇用関係の安定感はかつてほどではない。景気に左右されにくいとの印象が強かった医療組織も、例外ではない。このような外部環境の変化と、前述した価値観の多様化で、組織に対する忠誠心やコミットメント(関与)精神が低下してきた。こうした職場の変化に、マネジャーはどのように対処すべきであろうか。

　まずは、動機づけとインセンティブを考えたマネジメントが大事になってくる。何が人々をやる気にさせるか、それを知るには本人に聞くのが一番である。ある人はお金、ある人は時間、ある人は勤務スケジュールの柔軟性、ある人はもっと自分の可能性を見出せる新しい仕事を求めているかもしれない。また本人は、何が自分をやる気にさせるか気づいていないかもしれないが、話し合っているうちに気づくかもしれない。次に、マネジャーが下す評価に対して各人がどのような反応を示すかを観察することが大切である。マネジャーは、「束の間」の機会に前向きなことから始めて、毎日あっと驚くような進歩ではなく、少しずつ物事を成し遂げていく。部下の仕事への賞賛も、いつ、どのようなタイミングで行うかを身につける必要がある。

①仕事が終わったときではなく、良くできたあとはただちに、

②仕事の成果をよく理解している人が(決して形式的な委員会などでなく)、

③その仕事に包括されている課題を理解したうえで、賞賛する。

　その仕事に含まれる動機づけやインセンティブの内容には、共通して以下のようなものがある。

①尊敬する同僚や直属の上司からの個人的な賞賛や文書による祝辞

②表彰

③チームミーティングでの成功の発表

④前の仕事が良くできたと認め、次の仕事に対する意見を求める

⑤明確で、頻繁なフィードバックをする(建設的なものを第一義的に)

⑥その仕事が、組織の機能や患者管理にどのような影響を与えるかについての情報提供

⑦より深い知識習得、技術向上への奨励

⑧アイデアや不満、困難さを聞く時間をもつ

⑨失敗からも学ぶことができる

　以上のことは、医療サービス提供の担い手である人材のマネジメントにおいて必要な絶対的スキルである[6]。

12 倫理的ジレンマの改善

　生産性の向上や不景気等によるリストラで経営の難局を解決しようとする場合、経営者も従業員も精神的ストレスによって、倫理的裏づけをもたない行動に手を染めることがある。自分のキャリア・アップや保身を第一義的に考え、所属する組織の違法行為が明確であっても沈黙を美徳とする行動に走ることがある。このような倫理的ジレンマに直面する機会は多い。そうした事態に陥らないように、企業の倫理を明文化し、それを遵守する組織文化を構築していくのが経営者やマネジャーの役目である。それには、個人的レベルでの倫理、部門組織での倫理、組織全体のコーポレート・ガバナンスによる社会的責任が確立・遂行される必要がある。行動としては、遅滞ない組織内外への透明性確保のため、説明責任を果たすことが倫理的ジレンマの改善に効果的である。

---

[6]　ルース・チャンバース、ギル・ウェイクリィ著、吉長成恭・小林暁峯訳『クリニカルガバナンス──病医院経営　医療の質を高める「14の視点」』p.52、日本医療企画、2004年

2 マネジメントに必要な基本的経営手法

　マネジメントに必要な基本的経営手法の概要を、課題抽出と分析、思考、技術に分けて述べる[1]。

1　課題抽出と分析

　組織構造が大きくなったり、専門的部署が分化したり、複雑な構造になってくると、発生する課題を科学的手法で抽出・分析し、解決方策を考察することが望まれる。課題の抽出・分析・解決方法には、個人による解決法と集団による解決法がある。累積KJ法[2]、KT法[3]、ワークデザイン[4]、MASD法[5]は集団による課題解決法である。別の手法分類としては、以下のような発散型手法と収束型手法がある。

(1) 発散型手法

　発散型手法には自由に連想させる自由連想法(たとえばブレーンストーミング)と、ヒントやテーマを与えて強制的に連想させる方法(たとえば入出力法、属性列挙法、形態分析法、チェックリスト法)がある。そのほか、類比を手掛かりに連想させる集団討議法がある。

(2) 収束型手法

　収束型手法には空間型収束手法と系列型収束手法がある。
　空間型収束手法は分類整理法であり、そのうち演繹法は図書分類に代表される。帰納法には有名なKJ法やマトリクス法[6]がある。KJ法は、故・川喜田二郎(東京工業大学名誉教授)によって考案された発想法である。名刺大のカードや付箋を利用して、1枚1テーマで発

---

[1] 齋藤嘉著『問題解決プロフェッショナル「思考と技術」』ダイヤモンド社、2005年
[2] 累積KJ法：KJ法によって抽出されたヒントや仮説をラベルに採集して、再びグループ編集からKJ法のサイクルを通常6回繰り返して現状分析を行う方法。
[3] KT法：アメリカのケプナー博士とトリゴー博士が体系化した発想法で、その頭文字をとってKT法と呼ばれる。NASAの仕事のなかから成功した事例を分析。そこから共通する法則性を見出し、問題解決の技法として体系化する。
[4] ワークデザイン：アメリカのジェラルド・ナドラーによって1959年に発表された、IE(Industrial Engineering)技法・問題解決技法。分析的アプローチにより目的を再定義し、新たなシステムを構築することで問題の解決を図る演繹的発想法。
[5] MASD法：「システム課題」の提示を受けて「設計」を行う課題解決法。
[6] マトリクス法：縦と横の各変数を決め、各変数ごとの要素を洗い出し、それらの組み合わせを用いて現状の分析をしたり、新しいアイデアを考える。現状分析的な用い方と課題解決的な用い方が可能。

想した内容を記入し、事実・データをグループ別に整理して、課題や解決方法を構造的に把握し共有する。

　系列型収束手法は事実・データを因果関係で整理し、その因果関係を構造的に把握し特定する課題因果関係分析法と、因果関係の分析と問題解決のための実行計画による時系列手法に分類される。前者の課題因果関係分析法では図に示して行う関連図法が、後者の時系列手法ではストーリー法*7が代表的手法である。

2　思考(ロジカル・シンキング)

　ロジカル・シンキングとは学問上の理論ではなく、課題の抽出から設定について、実行可能な対応策を考え、実際の行動管理に移す一連のプロセスにおいて、成果を上げるために必要とされる論理的思考である。いわゆる不透明な経営環境の中で過去の理論や経験が通じない今日では、ロジカル・シンキングは必要不可欠である。以下に、ロジカル・シンキングの4つの特性を示す。

(1)ゼロベース思考

　問題解決のために「既成の枠組み」を取り去り、過去の情報や経験をいったん白紙に戻して一から最善策を考えることである。今までの自分の経験や習慣の中でしか物事を考えない、いわゆる経験値型の対極にある思考である。今日的課題は前例の修正によっては解決できない場合が多いため、このゼロベース思考が注目されている。ゼロベース思考は思考の枠が広がり、これまでとはまったく異質の思考が発露するが、その新規性に対しアレルギー反応を示すこともあり、この思考の採用にはエネルギーが必要となる場合が多い。

(2)仮説思考

　「その時点の仮説を基に行動する」という思考法である。立てた仮説を検証し、課題の解決策を検討する。途中で仮説に誤りが見つかった場合は、新たに仮説を立てて検証のアクションを起こす。この対極にあるのが状況説明型である。状況説明型の思考は自分の結論はもたず、延々と状況や事実の説明に終始するのみなので、建設的な思考とはいえない。

(3)ポジティブ・シンキング

　現在よりも良い問題解決策が必ず存在するという、いわば楽観的思考である。ベストというより、ベターな方策をいつも前向きに考えるという姿勢を維持し、対応のスピードを重視している。情報の収集に時間を取り過ぎないように、60%程度の情報が収集できた

＊7　ストーリー法：データを流れとしてまとめる技法。収束技法の系列型法で高橋誠が考案。イベント計画、講演の内容や文章をまとめる等に便利な手法。

らここで一度、方向性を出すのが特徴といえる。

■(4)結論思考

　結論から成果を出すという思考法である。結果を最初に考えるという意味では、仮説思考に似ているが、考え方だけでなくアウトプットの出し方として、結論を最初に考えることは重要である。相手に対して極めて明快にプレゼンテーションが行えるため、好印象を形成しやすい。

3　技　術

■(1)MECE

　戦略立案においてMECE（Mutually Exclusive Collectively Exhaustive）とは、それぞれが重複する（ダブる）ことなく、全体の集合としてモレがないという集合理論の思考技術をいう。モレによって本来の目的や目標を外していないか、ダブリによって効率が低下していないかをチェックする技術である。重要なことは、MECEによる課題の優先順位を確実にすることである。さもなくば、資源配分のゴールを失い、この技術そのものが自己目的化してしまうことがある。

■(2)ロジックツリー

　単に根拠のないアイデア出しとは異なり、具体的な解決策というツリー（木）の葉がロジック（論理）という因果関係で結ばれた思考技術をいう。

　ロジックツリーは、限られた時間の中で、問題の原因や解決策を具体化することができる技術である。箇条書きと比べたロジックツリーの優位性は、①モレやダブリを未然にチェックできる、②原因や解決策を具体的に事業計画に落とし込める、③各項目の因果関係を明確化できる、という点にある。

　原因追求には、5W2H（Who、When、Where、What、Why、How、How much）、特にWho、Howに照らしてチェックしていく。

　限られた時間内で暴走する発想の広がりと深度を一定に保ち、MECEの発想に沿って展開することで、原因と解決策を具体的に事業計画に落とし込むことができる（図2-1）。

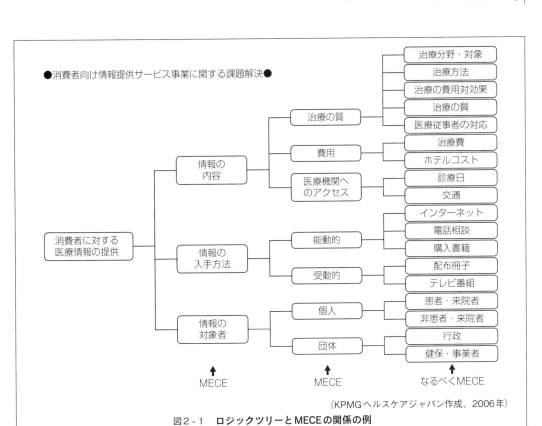

図2-1　ロジックツリーとMECEの関係の例

問題 1 マネジメントに必要な思考（ロジカル・シンキング）と技術について、誤っているものを1つ選べ。

〔選択肢〕

①ゼロベース思考とは、過去の情報や経験をいったん白紙に戻して、一から最善策を考えることで、これまでとはまったく異質の思考が発露することがある。

②仮説思考とは、その時点の仮説を基に行動するという考え方で、立てた仮説を検証し、課題の解決策を検討する。

③ポジティブ・シンキングとは、現在よりも良い問題解決策が必ず存在するという考え方で、情報の収集に十分な時間を費やし方向性を出すという特徴をもつ。

④結論思考とは、結論から成果を出すという思考法で、極めて明快なプレゼンテーションを行えるというメリットがある。

⑤ロジックツリーは、限られた時間の中で問題の原因や解決策を具体化する技術のことで、モレやダブリを未然にチェックできるという点において箇条書きより優れている。

解答 1　③

解説 1

①○：今日的課題は前例の修正によっては解決できない場合が多いため、ゼロベース思考が注目されている。自分の経験や習慣の中でしか物事を考えない、いわゆる経験値型の対極にある思考である。

②○：途中で仮説に誤りが見つかった場合は、新たな仮説を立てて検証のアクションを起こす。自分の結論をもたず、延々と状況や事実の説明に終始する状況説明型の対極にある思考である。

③×：対応のスピードを重視しており、60％程度の情報が収集できたら一度、方向性を出すのが特徴である。

④○：結果を最初に考えるという意味では仮説思考に似ているが、考え方だけでなくアウトプットの出し方として、結論を最初に考えることは重要である。

⑤○：箇条書きと比べた優位性としては、そのほか、原因や解決策を具体的に事業計画に落とし込める、各項目の因果関係を明確化できるということがある。

第3章

医療システムと経済

1 わが国の医療制度
2 諸外国の医療システム

わが国の医療制度

1　背　景

　わが国の医療サービスは公的医療機関と民間医療機関によって提供される。診療所から発展した中小規模の病院が多いのが特徴で、ヒト・モノ・カネといった経営資源が潤沢といえず、いわゆる産業構造上の中小企業問題がそうした中小病院にも当てはまる。医師や看護師、薬剤師等の医療従事者の確保の困難性に加え、事務職など非医療系スタッフの専門性やキャリアパス・フレームも確立されているとはいいがたい。しかし、医療機関はいずれも公益的サービスとしての特徴を備え、非営利を目的としており、「医療の質と安全」を担保するための経営を基本としている。

　以下に、日本の医療制度を俯瞰してみるが、詳細については厚生労働省の資料を用いて検討する機会を得ていただきたい。

2　医療保険制度の改革[1]

▎(1)歴史

　日本の医療保険制度は、1922（大正11）年制定の健康保険法が始まりといわれる。それは、労使関係の緊張緩和を目的として内包した労働者保護政策でもあった。一般国民を対象とする国民健康保険法は、少し遅れて1938（昭和13）年に制定された。敗戦国として第2次世界大戦の終結を迎えた1945（昭和20）年以降、1946（昭和21）年の日本国憲法の公布はGHQの管理下に行われたが、社会福祉や社会保障、公衆衛生の向上についての国の責務が明確にうたわれた。1947（昭和22）年に日本医師会が発足し、1948（昭和23）年に健康保険法、国民健康保険法の改正、医師法、医療法、薬事法等の制定が行われた。1950（昭和25）年に薬価基準制度の制定、1951（昭和26）年に医師優遇税制、1957（昭和32）年に健康保険法の改正、1958（昭和33）年に国民健康保険法の改正が行われた。

　高度経済成長期は同時に国民医療費や社会保障費も右肩上がりで、1961（昭和36）年に

---

*1　今村知明・康永秀生・井出博生著『医療経営学』p.2-9、医学書院、2006年

は国民皆保険および国民皆年金が実現した。1960（昭和35）年以降は、公的病院のほか、民間の医療法人や個人立の医療機関が増加し、公と民による医療供給体制となった。社会的には高度経済成長の中で各種の公害問題が多発し社会的問題となり、公害対策基本法が1967（昭和42）年に成立した。

1971（昭和46）年には、診療報酬に関して厚生省と日本医師会が対立し、日本医師会は保険医の総辞退を掲げ、医師のストライキが起こるという、極めて異例の事態となった。また、1973（昭和48）年に施行された老人医療費無料制度は老人に対し安心を与えたが、老人医療費の急騰を招いた。

景気の下降が米国から始まり、1973（昭和48）年にはオイルショックと円の変動相場制への移行によって相対的に円の急騰が起こり、日本経済も不況の波をもろに被ることになった。

1980年代には高額な医療機器が民間の中小病院を中心に設備され、医療技術革新は飛躍的に進み、医療水準も向上したが、医療経済学的には医療費高騰の原因になった。

特に急増する老人医療費を国民が公平に負担するために、1983（昭和58）年には老人保健法が施行され、公費と各保険者の拠出金、そして患者の定額一部負担金により支える仕組みがつくられた。その後の改正で老人保健施設や老人訪問介護制度が創設されるが、2000（平成12）年4月からの介護保険制度の導入に伴い、老人保健制度は大きく姿を変えていった。また、老人医療費の高騰による拠出金の増大が各保険者の財政を圧迫するようになり、同制度の見直しが進められた結果、従来の制度を全面的に改正し、75歳以上の高齢者を対象とした後期高齢者医療制度が、2008（平成20）年4月から実施された。しかし、「後期高齢者」という名称や年齢区分への批判、行政側の説明不足などもあり、さまざまな混乱が生じたのは記憶に新しい。加えて、2009（平成21）年8月の衆議院議員選挙で政権交代を果たした民主党政権は問題点の多い現行制度を廃止し、新たな制度への移行を検討した。

当時、民主党が進める医療制度改革の骨子は、①医学部を増設して医師養成を1.5倍にする、②後期高齢者医療制度の見直し、③医療の成長産業への位置づけ、④医療ツーリズムの推進、⑤特定看護師制度の導入──であった。しかし、医療や介護は子ども手当などに比べて優先順位が低く、救急や急性期医療に対する財源および増加する医療費に対する長期的財源確保の見通しが明確でなかった。全体的に見ると民主党の医療政策は評価されず、新たな医療制度への移行は実現しなかった。

(2) 特徴

わが国の医療保険制度は、すべての国民がいずれかの公的医療保険に加入する国民皆保険制度である（図3-1）。その意義は、国民皆保険制度を通じて世界最高レベルの平均寿命と保健医療水準を実現することにあるが、医療費が年々増大している中で、今後とも現

行の社会保険方式を基本とする国民皆保険を堅持し、国民の安全・安心な暮らしを保障していくことが課題になっている。日本の国民皆保険制度の特徴は、以下のとおりである。

①国民全員を公的医療保険で保障

②医療機関を自由に選べる（フリーアクセス）

③安い医療費で高度な医療

④社会保険方式を基本としつつ、皆保険を維持するため、公費を投入

　医療保険は大きく職域保険と地域保険に分けることができる。職域保険は、一般の会社員を対象とした健康保険と公務員や船員を対象とした共済組合、船員保険などがある。地域保険は、市区町村ごとの国民健康保険である（表3-1）。医療保険での受診では保険医療機関で被保険者証を提示し、一部負担金を支払う現物給付である。

　健康保険法は幾度も改正され、被保険者本人の一部負担金が1984（昭和59）年に定率1割から2割へ、そして、2003（平成15）年には3割に引き上げられた（表3-2）。現在、健康保険、共済組合、国民健康保険の被保険者や組合員、被扶養者の自己負担金は3割（義務教育就学前は2割、70歳以上75歳未満は2割［現役並み所得者は3割］）となっている。こうした制度改正や自己負担金の増額は、国民にとって右肩上がりの医療費をはじめ社会保障費の現状に対する意識を高める契機となっているが、超高齢社会の到来による医療費の

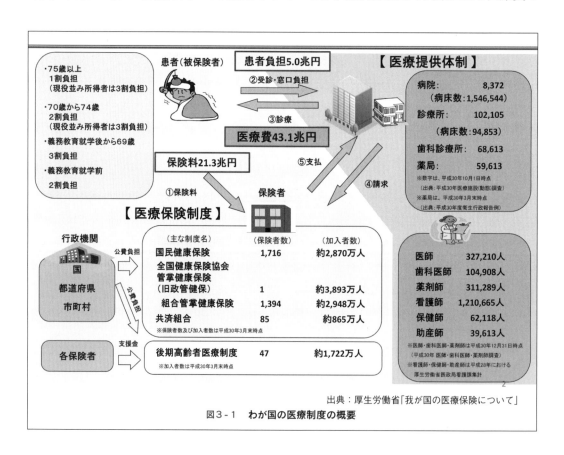

出典：厚生労働省「我が国の医療保険について」

図3-1　わが国の医療制度の概要

表3-1　各保険者の比較

	市町村国保	協会けんぽ	組合健保	共済組合	後期高齢者医療制度
保険者数 （平成30年3月末）	1,716	1	1,394	85	47
加入者数 （平成30年3月末）	2,870万人 （1,816万世帯）	3,893万人 被保険者2,320万人 被扶養者1,573万人	2,948万人 被保険者1,649万人 被扶養者1,299万人	865万人 被保険者453万人 被扶養者411万人	1,722万人
加入者平均年齢 （平成29年度）	52.9歳	37.5歳	34.9歳	33.0歳	82.4歳
65～74歳の割合 （平成29年度）	41.9%	7.2%	3.2%	1.5%	1.9%（※1）
加入者一人当たり 医療費（平成29年度）	36.3万円	17.8万円	15.8万円	16.0万円	94.5万円
加入者一人当たり 平均所得（※2） （平成29年度）	86万円 （一世帯当たり） 136万円	151万円 （一世帯当たり（※3）） 254万円	218万円 （一世帯当たり（※3）） 388万円	242万円 （一世帯当たり（※3）） 460万円	84万円
加入者一人当たり 平均保険料 （平成29年度）（※4） 〈事業主負担込〉	8.7万円 （一世帯当たり） 13.9万円	11.4万円〈22.8万円〉 （被保険者一人当たり） 19.1万円〈38.3万円〉	12.7万円〈27.8万円〉 （被保険者一人当たり） 22.7万円〈49.7万円〉	14.2万円〈28.4万円〉 （被保険者一人当たり） 27.1万円〈54.1万円〉	7.0万円
保険料負担率	10.2%	7.5%	5.8%	5.9%	8.4%
公費負担	給付費等の50% ＋保険料軽減等	給付費等の16.4%	後期高齢者支援金等の 負担が重い保険者等 への補助	なし	給付費等の約50% ＋保険料軽減等
公費負担額（※5） （令和元年度予算ベース）	4兆4,156億円 （国3兆1,907億円）	1兆2,010億円 （全額国費）	739億円 （全額国費）		8兆2300億円 （国5兆2,736億円）

（※1）一定の障害の状態にある旨の広域連合の認定を受けた者の割合。
（※2）市町村国保及び後期高齢者医療制度については、「総所得金額（収入総額から必要経費、給与所得控除、公的年金等控除を差し引いたもの）及び山林所得金額」に「雑損失の繰越控除額」と「分離譲渡所得控除額」を加えたものを年度平均加入者数で除したもの。（市町村国保は「国民健康保険実態調査」、後期高齢者医療制度は「後期高齢者医療制度被保険者実態調査」のそれぞれの前年所得を使用している。）
　　　協会けんぽ、組合健保、共済組合については、「標準報酬総額」から「給与所得控除に相当する額」を除いたものを、年度平均加入者数で除した参考値である。
（※3）被保険者一人当たりの金額を指す。
（※4）加入者一人当たり保険料額は、市町村国保・後期高齢者医療制度は現年分保険料調定額、被用者保険は決算での保険料額に推計。保険料額に介護分は含まない。
（※5）介護納付金、特定健診・特定保健指導等に対する負担金・補助金は含まれていない。

出典：厚生労働省「我が国の医療保険について」

表3-2　医療保険制度の患者一部負担金の推移

		～昭和47年12月	昭和48年1月～	昭和58年2月～	平成9年9月～	平成13年1月～	平成14年10月～	平成15年4月～	平成18年10月～		平成20年4月～
		老人医療費支給制度前	老人医療費支給制度（老人福祉法）	老人保健制度							後期高齢者医療制度
国保	高齢者	3割	なし	入院300円/日 外来400円/月	→1,000円/日 →500円/日（月4回まで） ＋薬剤一部負担	定率1割負担（月額上限付き）＊診療所は定額制を選択可　薬剤一部負担の廃止　高額療養費創設	定率1割負担（現役並み所得者2割）		定率1割負担（現役並み所得者3割）	75歳以上	1割負担（現役並み所得者3割）
被用者本人		定額負担								70～74歳	2割負担（現役並み所得者3割） ※平成26年3月末までに70歳に達している者は1割（平成26年4月以降70歳になる者から2割）
被用者家族	若人	5割	国保　3割　高額療養費創設（S48～）		入院3割 外来3割＋薬剤一部負担 （3歳未満の乳幼児2割（H14年10月～））		3割　薬剤一部負担の廃止	3割		70歳未満	3割（義務教育就学前2割）
			被用者本人　定額　→1割（S59～）　高額療養費創設		入院2割 外来2割＋薬剤一部負担						
			被用者家族　3割（S48～）→入院2割（S56～）　高額療養費創設　外来3割（S48～）		入院2割 外来3割＋薬剤一部負担 （3歳未満の乳幼児2割（H14年10月～））						

（注）・昭和59年に特定療養費制度を創設。将来の保険導入の必要性等の観点から、従来、保険診療との併用が認められなかった療養について、先進的な医療技術等にも対象を拡大し、平成18年に保険外併用療養費制度として再構成。
　　　・平成6年10月に入院時食事療養制度創設、平成18年10月に入院時生活療養費制度創設
　　　・平成14年10月から3歳未満の乳幼児は2割負担に軽減、平成20年4月から義務教育就学前へ範囲を拡大

出典：厚生労働省「我が国の医療保険について」

膨張をどう抑制するかは、政府にとってますます大きな課題として浮上している（図3-2）。

　一方、医療サービス提供体制の面でも改革が行われ、1985（昭和60）年の第1次医療法改正では都道府県ごとに地域医療計画を策定することで、病院病床数の無秩序な増加に歯止めをかけた。その後、医療法は在宅まで含めた医療施設機能の体系化、分化と連携の推進などを目的に都合8回にわたって大きな改正が行われている（表3-3）。

■（3）DPCに基づく包括支払い方式

　医療施設の機能分化との関連で、2003（平成15）年には、これまでの出来高払いの診療報酬制度の中に、全国82の特定機能病院を対象としたDPC（Diagnosis Procedure Combination：診断群分類）に基づく包括支払い制度が導入された。

　DPCは、「医療の質を高める、標準化・均霑化を図る、情報開示による透明化を進める」ことが狙いである。従来の出来高払い制度の問題を解決し、医療費の適正化を促進するもので、これにより医療の質の向上と効率化が期待される。またDPCは、いくつかのアウトカム指標をベンチマークとして医療機関の医療レベルと経営状況の比較を可能にする。アウトカム指標とは在院日数、合併症発症率、死亡率、再入院率などである。日本におけるDPC導入の目的には医療費抑制政策としての面があるといっても過言でない。

　DPCは入院患者の診断群による分類であり、16の主要診断群（MDC：Major Diagnostic Category）に体系化され、診断名と治療行為を組み合わせた内容となっている。傷病名は国際疾病分類（ICD：International Classification of Disease）によりコーディングする。

　DPCは医療管理面にも適用でき、たとえば、クリティカルパスへの応用がある。この場合、複数の医療機関での医療の質の比較が可能になる。さらに医療安全管理や、診療別の人的・財務的投資の意思決定材料への適用可能性もある。地域医療では、二次医療機関とプライマリ・ケアとの連携に有効であろう。

　医療政策面への応用では、DPCは医療制度改革のための科学的な根拠となり、マクロ経済学における医療費の分析や診断群分類による臨床的研究の比較を客観的なものにするであろう。

　次節で触れる米国のメディケアでのDRG/PPS（Diagnosis Related Groups／Prospective Payment System：診断群分類／包括支払い方式）が1件当たりの定額払い（per case payment）であるのに対し、DPCに基づく包括支払い方式は1日当たりの定額払い（per day payment）である。1日当たりの診療報酬点数を在院日数に応じて逓減する方式のため、アウトカム指標としては第一に在院日数が挙げられる。

　出来高払いとDRG/PPSの比較を表3-4で示す。

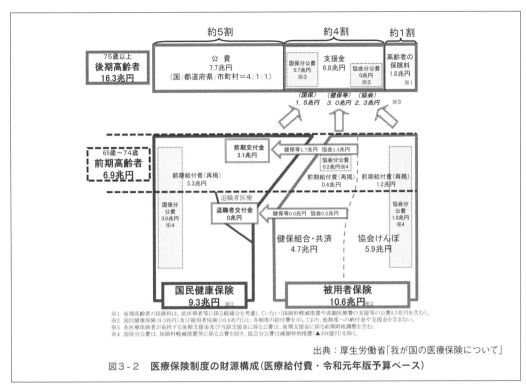

出典：厚生労働省「我が国の医療保険について」

図3-2　医療保険制度の財源構成(医療給付費・令和元年版予算ベース)

表3-3　医療法改正の流れ

施行年	区 分	主な改正点
1986（昭和61）年	第1次医療法改正	・地域医療計画の策定 ・二次医療圏単位で必要病床数を設定 （病床総量規制）
1993（平成5）年	第2次医療法改正	「特定機能病院」及び「療養型病床群」の制度化
1998（平成10）年	第3次医療法改正	・「地域医療支援病院」の制度化 ・インフォームド・コンセントの法制化
2001（平成13）年	第4次医療法改正	・療養環境に配慮した「療養病床」と医師・看護師の配置を厚くした「一般病床」に区部 ・医師の臨床研修必修化
2007（平成19）年	第5次医療法改正	・新設医療法人については持分なしに限定 ・社会医療法人の創設 ・広告規制の緩和
2014（平成26）年	第6次医療法改正	・病床機能報告制度と地域医療構想の策定 ・認定医療法人制度の創設
2015（平成27）年	第7次医療法改正	・地域医療連携推進法人制度の創設 ・医療法人の経営の透明性の確保及びガバナンスの強化
2017（平成29）年	第8次医療法改正	・特定機能病院のガバナンス改革に関する規定の創設 ・持分なし医療法人への移行計画の認定制度延長

表3-4　出来高払いと定額払い(DRG/PPS)の比較

	出来高払い	DRG/PPS
支払い単位	サービス行為 (診療・投薬・検査など)	診断名・処置名
危険負担※	患者・保険者	病院
診療のインセンティブ	過剰診療	過小診療
病院・医師のコスト意識	小	大
医療の質についての認識	小	大
病院運営の方針	収入拡大	コスト管理
医療への影響		・医療機関の機能分化・ネットワーク化の促進 ・在院日数の短縮 ・入院患者の重症化 ・病床数の減少 ・外来手術の増加 ・医療の質指標の開発促進

※予想よりも治療コストが増大した場合の費用負担者。

出典：八代尚宏編『「官製市場」改革』p.99、日本経済新聞社、2005年

3　医療サービスの提供体制

　わが国の医療は明治時代に東洋医学から西洋医学へ移行し、1883(明治16)年からは西洋医学教育を受けた者だけが医師免許を交付されるようになった。医療機関は設立主体によって、①公的病院：国立、公立、公的、②私的病院：私立(公益法人、医療法人、株式会社、個人、その他)——に分類される(表3-5)。

　2004(平成16)年4月に、国立病院や療養所は独立行政法人国立病院機構に経営が移管された。狭義の公的病院とは、日赤、済生会、厚生連、労災、社会保険、厚生年金、共済組合連合、国保などの病院をいう。また、私的病院には、財団法人、社会福祉法人、学校法人、宗教法人など公益法人による設立があるため、一概に私的病院とは言い難い面もある。

　医療法上は、営利目的の医療機関の開設を許可しないため、病院はすべて非営利病院ということになる。非営利病院ということで、収益を非採算性事業に振り分けたり、解散時の資産の所有を公的機関(自治体)に移転するという条件で、税の減免などの優遇措置の適用を受ける私的病院もある。

　一般に公的病院と私的病院の病床数は私的病院のほうが多い。株式会社立の病院は、社員の福利厚生を目的に設立された例が多いが、現状では社員のみならず、一般患者の受診を可能にしている。現在、株式会社による病院設立は医療法により特区以外では認められていない。

表3-5 **開設者別施設数**

各年10月1日現在

	施設数		対前年		構成割合(%)	
	平成30年 (2018)	平成29年 (2017)	増減数	増減率 (%)	平成30年 (2018)	平成29年 (2017)
病　　院	8 372	8 412	△ 40	△ 0.5	100.0	100.0
国	324	327	△ 3	△ 0.9	3.9	3.9
公的医療機関	1 207	1 211	△ 4	△ 0.3	14.4	14.4
社会保険関係団体	52	52	－	－	0.6	0.6
医療法人	5 764	5 766	△ 2	△ 0.0	68.8	68.5
個　人	187	210	△ 23	△ 11.0	2.2	2.5
その他	838	846	△ 8	△ 0.9	10.0	10.1
一般診療所	102 105	101 471	634	0.6	100.0	100.0
国	536	532	4	0.8	0.5	0.5
公的医療機関	3 550	3 583	△ 33	△ 0.9	3.5	3.5
社会保険関係団体	464	471	△ 7	△ 1.5	0.5	0.5
医療法人	42 822	41 927	895	2.1	41.9	41.3
個　人	41 444	41 892	△ 448	△ 1.1	40.6	41.3
その他	13 289	13 066	223	1.7	13.0	12.9
歯科診療所	68 613	68 609	4	0.0	100.0	100.0
国	5	5	－	－	0.0	0.0
公的医療機関	262	265	△ 3	△ 1.1	0.4	0.4
社会保険関係団体	7	7	－	－	0.0	0.0
医療法人	14 327	13 871	456	3.3	20.9	20.2
個　人	53 682	54 133	△ 451	△ 0.8	78.2	78.9
その他	330	328	2	0.6	0.5	0.5

出典：厚生労働省「平成30(2018)年医療施設(動態)調査・病院報告の概況」

② 諸外国の医療システム

1 　医療システムの国際比較の必要性

　医療システムは、その国の経済状況や医療政策・制度と密接に関係がある。医療経営の本質にアプローチするには医療システムを理解することが前提となる。特に、アメリカ、イギリス、フランス、ドイツ、北欧諸国など諸外国の医療システムを学び、わが国と比較するべきである。たとえば、医療保険制度や福祉制度などの社会保障制度を基礎情報として習得するとともに、国民医療費対GDP比をはじめ人口動態や医療施設、医療スタッフの数値的データはもちろん、DRG/PPSやDPCに基づく包括支払い方式を基本軸に比較検討することで、わが国の医療システムを客観的に評価できる。

2 　イギリスの医療システム

　イギリス労働党政権は、いわゆる「ゆりかごから墓場まで」の政策によって、福祉国家を目指した。1948年に、国営医療制度であるNHS（National Health Service：国民保健サービス）が創設された。これは、税収による一般財源、つまり政府の年度予算によって医療サービスの供給量が決まるシステムである。よって、患者の医療における自己負担はわずかである。しかし、イギリスの経済不況が長期化することにより医療費予算の不足が深刻化したため、いろいろな問題が生じた。

　イギリスにおける医療サービス提供は、居住区に登録されたGP（General Practitioner：一般医）がプライマリ・ケアを担い、患者はGPの紹介のもとに二次医療機関、たとえばNHSトラスト（公的病院）を受診する。GPは病院受診へのゲートキーパーの役割をしており、仮にGPの紹介なしに二次医療機関を受診すると医療費は患者の全額負担となる。日本では、基本的に受診はフリーアクセスであるため患者にとって便利であるが、保険者から見ればあまり歓迎できないシステムになっている。最近では、日本でも医療連携推進を旗印に診療情報提供書による双方向性の患者紹介率を要件として地域医療支援病院の認定を受けるなど、地域医療での医療機関の役割分担を明確化する方向にある。

　診療報酬制度はGPのもとで人頭支払い方式で行われている。人頭支払い方式は、日本の出来高払い制度に比べ、医師のコスト意識がより発揮されるシステムといえる。

　1980年代までの旧労働党政権の非効率的な公共サービスや官僚制、労働組合の制度疲労によって、いわゆる英国病が長期化した。その結果、保守党への政権交代となり、当時のサッチャー首相は小さな政府を目指し、強いリーダーシップを発揮し、行財政構造改革を推進した。1990年にはコミュニティ・ケア法を成立させ、NHS改革にも着手した。内部市場(Internal Market)を形成し、病院間に競争原理を導入したが、経済状況の悪化に伴う医療費の抑制は医療の質の低下をもたらした。たとえば、GPによる患者紹介の遅延と入院待機者(Waiting List)の増加や、ブリストル王立小児病院事件に代表されるような医療事故の多発、医師・看護師不足、遅らされた退院(社会的入院)など多くの難題が露呈した。

　1997年には新労働党のブレア政権が樹立され、教育、鉄道、医療分野を重点に行財政改革を推し進めた。基本的にはサッチャー政権の考え方をベースに改革を進め、老朽化した病院にはPFI(Private Finance Initiative：民間の資金・ノウハウを活用した社会資本整備)方式を開発・導入し、効果を上げた。また、PPP(Public Private Partnerships：官民連携)の概念を基本に行財政改革を推進し、その結果が評価されている。

　医療分野では、1998年に「患者を中心とするファーストクラスの医療サービス」をスローガンに、「根拠に基づく医療(EBM：Evidence-Based Medicine)の実践や「標準的医療サービスの枠組み(NSF：National Service Framework)の設定を掲げた医療を推進するために、保健省から独立した機関としてNICE(the National Institute for Clinical Excellence：国立最適医療研究所)を創設した。診療報酬制度にインセンティブ設計を組み入れ、医療の質の向上と公平性を確保するための医療制度改革を進めてきた。

　さらに、2000年7月にはNHS改革ビジョンとなる「The NHS Plan」を発表した。このプランの基本的コンセプトは中央集権的であった従来の医療サービス提供方式を、より地域住民・患者中心に改めようとするもので、「Shifting the Balance of Power」(権限バランスの移行)と呼ばれている。権限バランスの移行は、NHSの提供システムにおいてもっとも画期的な改革のひとつと考えられる。保健省はこれまでの各地域の保健医療行政の中核であった95か所の地方医務局を縮小し、その権限の多くをPCT(Primary Care Trust：家庭医などのプライマリ・ケアを担当する医師の信託機関)に委譲した。これによりイギリスにおいてPCTを中心とするプライマリ・ケアが主導的に地域の保健医療の推進を担う体制になった(図3-3)。

　これにより医療サービスの連携を促進し、プライマリ・ケアとソーシャル・ケアをコミュニティ・ケアとして充実させた。二次医療においては救急医療体制を整備した。

　さらに、プライマリ・ケアにおいて医療サービスは多様化し、二次医療においての医療の質と経営の質を認められたNHS病院は経営の独立性を確保できるファウンデーション病院(日本の社会医療法人に類似)に移行することも可能となった(図3-4)。

　2010年5月、政権は新労働党から保守党と自由党の連立政権になった。これにより再

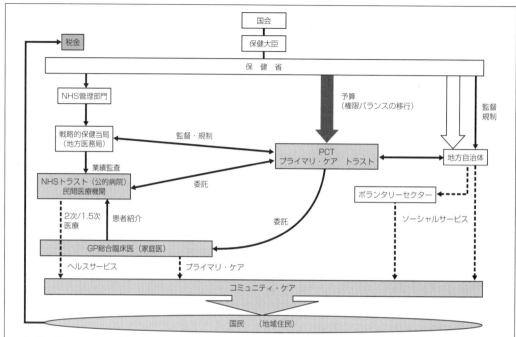

参考：*The structure of health and social care in England* Laura Asbridge et. al. "*BTEC First Health & Social Care*" Heinemann Educational Publishers 2006 p.337、吉長成恭・小林暁峯訳『クリニカルガバナンス――病医院経営 医療の質を高める「14の視点」』日本医療企画、2004年

図3-3 英国における医療と社会サービスの構造

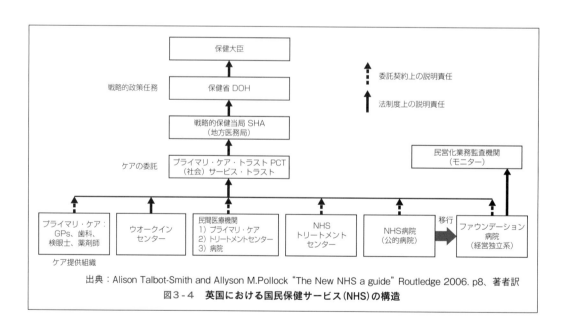

出典：Alison Talbot-Smith and Allyson M.Pollock "The New NHS a guide" Routledge 2006. p8、著者訳

図3-4 英国における国民保健サービス（NHS）の構造

度の医療サービス政策の転換が始まった。具体的には、PCTの完全解体とそれに替わるGPコンソーティア（GPC）の組織化である。GPCは、地方自治体とのパートナーシップによって、地域医療および高齢者や小児の社会サービス、住民の健康管理と福祉の向上の責任と任務を委任された。

2013年のNHS改革は、ランズリー保健相のプラン（2010年7月）に基づいている。GPに医療サービスの「委託（commissioning）」権限を与え、GPを中心に看護師、ソーシャルワーカーなどの医療従事者で構成された臨床委託グループ（CCG：Clinical Commissioning Group）が医療と福祉のニーズに総合的に対応しながら、適切な医療サービスの提供・予算管理を行う。その監督・支援はNHS 委託理事会（NHS CB：NHS Commissioning Board）が務め、NHSに対する最終的な責任は保健省がもった。

このように、英国の医療制度は、①NHSの予算増加と医療従事者の増員、②診療ガバナンスの規定、アカウンタビリティ、③患者中心の改革により、劣悪とまでいわれた汚名を返上した。1990年代に50％弱だったNHSへの満足度は、60〜70％程度まで上昇基調となり、明らかに改善している。

3 アメリカの医療システム

アメリカの医学技術は極めて高度で先進的なものであるが、市場原理に基づいた医療サービス提供システムが最大の社会的課題のひとつとなっている。

イギリスは前述したように、税方式の国営医療によるサービス提供システムで、患者の医療費負担はほとんどない。日本、ドイツ、フランスは社会保険方式による国民皆保険で、医療サービス提供システムを維持している。

この意味で、アメリカの医療システムは異質である。アメリカ人のおよそ60％は民間医療保険への加入者で、そのうち95％がマネジドケア（Managed Care）という医療保険サービスに支えられている。公的保険は連邦政府が運営する高齢者や障害者を対象とするメディケア（Medicare）と、州政府が運営する低所得者を対象とするメディケイド（Medicaid）に分類される。公的保険の対象者はわずか25％に過ぎない。保険未加入（無保険）者が15％あり、彼らはいわゆる勤労者や若者など、民間医療保険の掛け金を支払うことが不可能な人々である。こうした受診機会を奪われた貧困層が増加している。

(1)DRG/PPS

メディケアとメディケイドはともに1966年に導入された。メディケアは、自由主義国アメリカでは医療サービスへの公的介入と同義と捉えられた。アメリカ医師会（AMA：American Medical Association）は医師の自由裁量への介入として反対した。高齢化社会の進展に伴い、1970年代からメディケアの支出は増大傾向にあり、1980年代に入ると財

源は枯渇状態になった。そこで打開策として、DRG/PPSが導入された。

DRGはケースミックス（患者分類）モデルであり、国際疾病分類（ICD：International Classification of Diagnosis）に準拠する診断名を、治療法および患者属性の組み合わせによって類型化した体系である。病院管理、医療管理のうえで患者情報のデータベースとしての機能をもつ。

このDRGを包括支払い制度とリンクさせれば、適正な処方の維持や重複する検査の回避により医療費の低減が期待できた。しかし、患者の重症度を考慮しないという点では医療倫理的課題が指摘された。

DRG/PPSという定額支払い方式は平均在院日数を劇的に減らす効果もある。さらに、日帰り手術（day surgery）の技術を向上させたことも平均在院日数の低減に貢献した。

短期的にはDRG/PPSは医療費低減効果を発揮したが、長期的には医療費抑制効果が乏しくなる傾向にある。それは、医療サービスが医師の自由裁量によって供給され、医療経済学上のいわゆる「医師誘発需要仮説」が成立するためである。この医師の自由裁量によって意図的に補正されてしまうDRG/PPSの欠陥を客観的に改正するために、医療査察機関（PRO：Peer Review Organization）が1984年に設立された。EBMによる審査という意味で、英国のNICEと機能が似ているが、PROの判断によりメディケアは病院に対する医療費支払いを拒否できるため、適正な医療の適応と医療費削減効果を期待している。

▍（2）クリティカルパスとクリニカルパス

DRG/PPSが導入された1980年代に、クリティカルパス（Critical Path）が医療現場に導入されている。本来、クリティカルパスは、工場生産現場における時間軸をもって生産品質管理を行うための工程表である。DRG/PPSの目的やチーム医療の質の担保、リスク管理をひとつのチャートの上で実施するには極めて有効な手法である。手術場での麻酔科医が用いるバイタルサインや、薬物投与量を記載するチャートのチーム医療版ともいえる。

医療におけるクリティカルパスとは、多専門職種による診断・治療・ケア計画、さらにケア全体の領域（検査、処置、食事、薬剤、疾病管理）や健康管理教育プログラムの実施を時間軸に載せた入院患者の退院までの予定表である。また、地域における医療連携に連携パスとしても適用されている。

クリティカルパスとクリニカルパスは同義的に用いられるが、一般にクリティカルパスは直面する臨界点をどのようにブレークスルーするかという哲学的意味にも使われる。

▍（3）マネジドケアの失敗から学ぶ

医療の効率性を最大限に発揮させるために、それまで医師や看護師といったメディカルスタッフが行っていた医療サービスの選択や内容の決定に、第三者つまり保険者が介入することをマネジドケアという。マネジドケアは、アメリカ国民の60％が加入する民間医

療保険が提供する医療サービスそのものについて管理し、医療経済的リスクを医療従事者にもたせ、医療従事者に医療コスト削減のインセンティブを惹起する。マネジドケアの組織としてはHMO（Health Maintenance Organization：健康維持組織）が有名である。HMOに加入する患者は、HMOと契約する医療機関での受診に限定されている。保険料は安価であるが、HMOの過度な医療費抑制管理に基づく受診抑制策が加入者の不満を増加させ、加入者は減少傾向にある。HMOの医療費の支払い方法は、英国のGPへの支払いと同じように人頭払い方式で、医師に対し医療コスト削減のインセンティブを強くしたものとなっている。

　最近ではHMOのほかに、契約医師や医療機関外の受診に対しても医療費償還が可能なPPO（Preferred Provider Organization：選択提供機関または特約医療機構）やPOS（Point of Service：組織外の医療サービス）のサービス選択肢をもつプランへの加入が増加している。

　マネジドケアの原型は1930年代に遡るが、1980年代になって急速に全米に広まった。医療コストの削減と医療の質の向上と効率化を掲げたが、医療従事者にも患者にも満足の得られるシステムではなかった。当時のクリントン大統領が試みたHMOの大改革は国民皆保険への試みであったが実現せず、その課題は2010年3月に成立したオバマ大統領主導の医療保険改革法、いわゆる「オバマケア」により大きな一歩を踏み出し、2014年から医療保険の加入が原則義務化された。

　マイケル・E・ポーターら[1]によるとアメリカの医療費は2000年代に2兆ドルにまでのぼり、増大する医療費が国家の危機レベルにまで達した。医療費の増加に伴い医療保険に加入できない国民の数が急増し、こうした人々はプライマリ・ケアや予防医療を十分に受けられないため、医療の質の低下がより深刻さを増していると指摘している。そのうえ、ベビーブーマー世代の高齢化に伴い、医療費のさらなる増大が生じた。その結果、医療サービスにおける負の価値連鎖が起こっている。

4　フランスの医療システム

　フランスの医療保険制度は日本と同様に国民皆保険で強制加入のため、国民の99％が加入している。受診はフリーアクセスで、医師の医療サービス提供の裁量も自由度が高い。このため、日本と同じく、ドクターショッピングや重複する検査と処方など課題は多い。

　日本の医療保険者が公的権力寄りであるのに対し、フランスの保険者は「疾病金庫」と呼ばれる非営利組織である。労働組合と雇用主団体（MEDEF：du Mouvement des Entreprises de France：フランス企業統一運動）の代表による運営であり、お互いの利害

＊1　マイケル・E・ポーター、エリザベス・オルムステッド・ティスバーグ著、山本雄士訳『価値を向上させる競争　医療戦略の本質』日経BP社、2009年

を尊重しつつ、拠出金の医療への使途について管理しており、国の医療政策にも積極的に提言する立場にある。このシステムの難をいえば、医療機関のストライキの多発である。労使と政府の関係が民主的であるがゆえに生じる問題でもある。

　フランス新規病床の開設制限は2000年代から施行された。DRGの導入により、地域における病床数の既得権益化に対する批判は減少したが、病床数制限は医療の質の低下を招くという懸念から、制限が緩和されていった。

　1996年のアラン・ジュッペ大統領によるジュッペ・プランという医療費抑制政策は有名であり、医療提供サービスの基盤整備といわれるものである。DRGに基づく病院医療情報システム、ICカード（Vitale）等の導入により、医療をはじめとする社会保険制度の基盤整備が進んだ[2]。

5　ドイツの医療システム

　ドイツの医療保険制度はほぼ国民皆保険である。公的医療保険への加入率は約87％、公的医療保険への加入が強制適用ではない者（一定所得以上の被用者、自営業者、公務員等）に対しては民間医療保険への加入が義務づけられている。そのため、高齢者はサービスの良い民間保険に加入している。疾病金庫の財源は、労働組合と雇用者から支払われる保険料による。

　医療保険給付は現物給付で日本と同じであるが、支払い範囲には疾病治療のほか健康診断、健康増進に対しての医療も含まれている。患者の自己負担は制度改革のたびにその額が変わる。外来診療報酬は、日本と同じように診療報酬点数表に基づいて出来高で支払われる。入院診療報酬は、病院ごとに患者1人・1日当たりの定額基礎療養費ないし診療科別療養費が決まっていたが、これでは医療従事者のコスト削減意識が醸成されないため、1993年に外科系部門に関して包括支払い制度が導入された。しかし、人口当たりの病床数の多さや平均在院日数の長さに改善が見られず、地域医療の格差が広がるばかりとなったため、2007年に入院治療へDRG/PPSが導入された。

　医薬品市場においては参照価格制度が導入されており、この保険で支払う上限額との差額を患者に償還するため、後発医薬品（ジェネリック）の選択決定を患者自身に委ねることで、後発医薬品のシェアは広がった。しかし、新薬は参照価格制度の対象とならないため、新薬開発が活発になり成功している。このため、参照価格との差額を患者に償還するシステムの薬剤費抑制効果は短期的なものに終わった。その後、薬剤費に関しては再度、上限枠を決めた総額予算制がとられた。また、日本が介護保険制度をこの国から学び導入したのは周知のとおりである。

---

[2]　今村知明、康永秀生、井出博生著『医療経営学』p.49-54、医学書院、2006年

6　スウェーデンの医療システム

　スウェーデンの医療は税金を財源とする公営であり、イギリスと同様に医療財政予算は公的規制で執行されている。イギリスは中央政府による医療・福祉制度だが、スウェーデンは県レベルで医療を、市レベルで介護を担い、各地方自治体が運営をしている。

　スウェーデンのいわゆる高福祉・高負担政策は国民の支持を得ているといわれる。医療・福祉・教育への税金の使途に透明性が保たれているため、高負担に対する違和感がないのである。また、スウェーデンがこれまで戦争に参加せず、ノルディック・バランス（北欧の均衡）を保ち、国民の政治に関する信頼を確保している経緯も見逃せない。

　医療サービスの供給体制について簡単に触れると、二次医療を担う病院数や病床数は地域医療計画によって医療圏ごとに規定され、充実したものになっている。外来診療は診療所が担う。

　医療費における患者負担額は極めて小額であり、上限枠も規定されている。1995年に一部の地区で導入されたストックホルム・モデルは、地方税による国民保健サービスである。病院医療費の包括払いで、1998年よりNord-DRGによる疾病分類となった。入院医療サービスへの支払いについては、イギリスのNHS改革と類似して内部市場を形成する方法である。つまり、プライマリ・ケア地区が入院医療サービスの購入者、病院がその供給者となる方法である。これによって医療サービスの生産性は向上したが、アメリカにおけるメディケアのDRG/PPSの場合と同様に医療費抑制効果は限定的になっている。

　薬剤価格については、ドイツで採用された参照価格制度が1993年に導入され、償還限度額が設定された。しかし、ドイツの場合と同様に薬剤費抑制は短期的効果に終わった。2002年に医薬品価格は国の委員会が決めることになり、医療経済学的アプローチで費用対効果分析が行われている。

7　キューバの医療システム

　アメリカのマイケル・ムーア監督のドキュメンタリー映画『シッコ』で理想的に描かれていたキューバの医療は、もちろんすべて国営で、患者の医療費負担はない。西洋医学をはじめ伝統医学や代替医療を取り入れ、プライマリ・ケアを主軸に地域医療に重点を置いた医療サービスを提供している。眼科手術、移植手術、がん治療などのハイテク医療、医療情報システムや医薬品の開発など、メディカルツーリズムに基づく医療政策も見逃せない。

　キューバの医療体制を図3-5で示す[3]。

＊3　吉田太郎著『世界がキューバ医療を手本にするわけ』p.36、築地書館、2007年

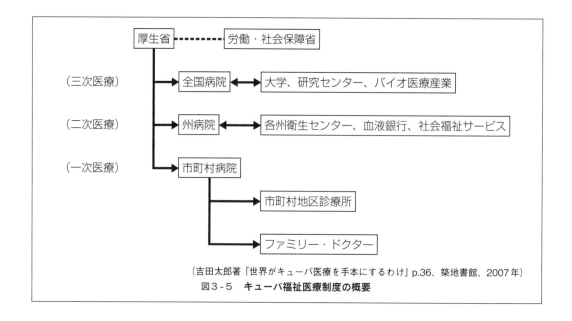

（吉田太郎著『世界がキューバ医療を手本にするわけ』p.36、築地書館、2007年）

図3-5　キューバ福祉医療制度の概要

8　諸外国の医療システムの比較

　諸外国の医療保障制度の比較については、厚生労働省のホームページ「医療保障制度に関する国際関係資料について」が参考になる（図3-6、表3-6～8）。

　また、日本医師会総合政策研究機構の前田由美子氏は、「医療関連データの国際比較－OECD Health Statistics 2019－」（2019年9月17日、日医総研リサーチエッセイNo.77）において、その現状を次のようにまとめている。

①2018年の日本の対GDP保健医療支出は10.9%（36か国中6位）で、アメリカ、ドイツ、フランスよりも低い。日本、ドイツ、フランス、カナダの対GDP保健医療支出は11%前後に収束している。また、高齢化率から見ると、日本の対GDP保健医療支出や対GDP社会支出は高くはない。

②しかし、日本では保健医療支出が公的財源でカバーされている範囲が広い割に税金や保険料による負担が低い。

③日本の保健医療支出に占める医薬品およびその他非耐久性医療財支出の比率はG7の中ではもっとも高く、抑制傾向にもない。

④日本は薬剤師数、薬剤師養成数ももっとも多い。他国よりも保健医療支出が調剤業務に配分されている割合が高いのではないかと推察される。

⑤日本は人口当たりの総病床数が非常に多いと指摘されるが、精神病床を重複計上していることも一因であり、高齢者に対応する病床は十分ではない。

⑥人口1,000人当たり医師数は日本では2.4人、OECD平均は3.5人である。厚生労働省の医師数推計から計算すると、日本の人口1,000人当たり医師数は2030年前後に3人

程度になる。

⑦日本では国民1人当たりの受診回数が多いことが問題にされているが、受診1回当たりの費用は低い。少額で比較的軽微な受診に対して定額負担を求める動きもあるが、少額で軽微な受診を制限すると、高額で深刻な受診が増える可能性があることを考慮すべきである。

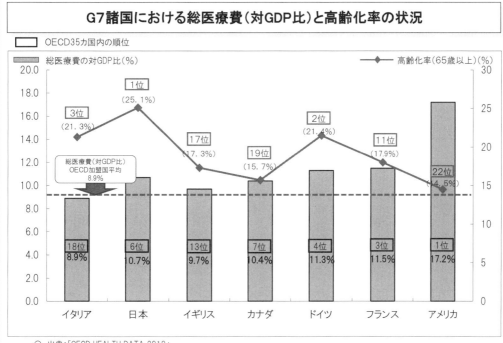

図3-6　G7諸国における総医療費（対GDP比）と高齢化率

表3-6　OECD加盟国の保健医療支出の状況（2018年）

国名	総医療費の対GDP比（%）	順位	一人当たり医療費（ドル）	順位	備考	国名	総医療費の対GDP比（%）	順位	一人当たり医療費（ドル）	順位	備考
アメリカ合衆国	16.9	1	10,586	1		スペイン	8.9	19	3,323	21	
スイス	12.2	2	7,317	2		イタリア	8.8	20	3,428	20	
ドイツ	11.2	3	5,986	4		アイスランド	8.3	21	4,349	16	
フランス	11.2	4	4,965	12		韓国	8.1	22	3,192	22	
スウェーデン	11.0	5	5,447	5		スロベニア	7.9	23	2,859	25	
日本	10.9	6	4,766	15		ギリシャ	7.8	24	2,238	29	
カナダ	10.7	7	4,974	11		イスラエル	7.5	25	2,780	26	
デンマーク	10.5	8	5,299	7		チェコ	7.5	26	3,033	23	
ベルギー	10.4	9	4,944	13		アイルランド	7.0	27	4,869	14	
オーストリア	10.3	10	5,395	6		リトアニア	6.8	28	2,416	27	
ノルウェー	10.2	11	6,187	3		スロバキア	6.7	29	2,290	28	
オランダ	9.9	12	5,288	8		ハンガリー	6.6	30	2,047	33	
イギリス	9.8	13	4,070	18		エストニア	6.4	31	2,231	30	
ニュージーランド	9.3	14	3,923	19		ポーランド	6.3	32	2,056	32	
オーストラリア	9.3	15	5,005	10		ラトヴィア	5.9	33	1,749	34	
ポルトガル	9.1	16	2,861	24		メキシコ	5.5	34	1,138	36	
フィンランド	9.1	17	4,236	17		ルクセンブルク	5.4	35	5,070	9	
チリ	8.9	18	2,182	31		トルコ	4.2	36	1,227	35	
						OECD平均	8.8		3,992		

【出典】「OECD HEALTH Statistics 2019」
（注1）上記各項目の順位は、OECD加盟国間におけるもの

出典：厚生労働省「医療保障制度に関する国際関係資料について」

表3-7　医療分野についての国際比較（2017年）

	アメリカ	イギリス	ドイツ	フランス	スウェーデン	日本
人口千人当たり総病床数	2.8[※3]	2.5	8.0	6.0	2.2	13.1
人口千人当たり急性期医療病床数	2.4[※3]	2.1	6.0	3.1	2.0	7.8
人口千人当たり臨床医師数	2.6	2.8	4.3	3.2	4.1[※3]	2.4[※3]
病床百床当たり臨床医師数	93.5[※3]	110.8	53.1	52.8	176.0[※3]	18.5[※3]
人口千人当たり臨床看護職員数	11.7[#]	7.8	12.9	10.5[#]	10.9[※3]	11.3[※3]
病床百床当たり臨床看護職員数	419.9[※3#]	308.5	161.6	175.3[#]	466.1[※3]	86.5[※3]
平均在院日数	6.1[※3]	6.9	8.9	9.9[※3]	5.7	28.2
平均在院日数（急性期）	5.5[※3]	5.9	7.5	5.6[※3]	5.5	16.2
人口一人当たり外来診察回数	4.0[※2]	5.0[※1]	9.9	6.1[※3]	2.8	12.6[※3]
女性医師割合（%）	36.1	47.6	46.6	44.5	48.0[※3]	21.0[※3]
一人当たり医療費（米ドル）	10,207	3,943	5,848	4,931	5,264	4,630
総医療費の対GDP比（%）	17.1	9.6	11.2	11.3	11.0	10.9
OECD加盟諸国間での順位	1	13	4	3	5	6
平均寿命（男）（歳）	76.1	79.5	78.7	79.6	80.8	81.1
平均寿命（女）（歳）	81.1	83.1	83.4	85.6	84.1	87.3

（出所）「OECD Health Statistics 2019」、「OECD.Stat」より作成。
注1：「※1」は2009年、「※2」は2011年、「※3」は2016年。
注2：「#」は実際に臨床にあたる職員に加え、研究機関等で勤務する職員を含む。
注3：一人当たり医療費（米ドル）については、購買力平価である。
注4：「病床百床当たり臨床医師数」は、臨床医師数を病床数で単純に割って100をかけた数値である。
注5：「病床百床当たり臨床看護職員数」は、臨床看護職員数（アメリカ、フランスは研究機関等で勤務する職員を含む）を病床数で単純に割って100をかけた数値である。

出典：厚生労働省「医療保障制度に関する国際関係資料について」

表3-8　主要国の医療保障制度概要

主要国の医療保障制度概要

	日本（2017）	ドイツ（2017）	フランス（2017）	スウェーデン（2017）	イギリス（2017）	アメリカ（2017）
制度類型	社会保険方式 ※国民皆保険 ※職域保険及び地域保険	社会保険方式 ※国民の約87%が加入。 ※被用者は職域もしくは地域ごとに公的医療保険に加入。一定所得以上の被用者、自営業者、公務員等は強制適用ではない。 ※強制適用の対象でない者に対しては民間医療保険への加入が義務付けられており、事実上の国民皆保険。	社会保険方式 ※国民皆保険（国民の99%が加入） ※職域ごとに被用者制度、非被用者制度（自営業者）等に加入。（強制適用の対象とならない者：普遍的医療給付制度の対象となる。）	税方式による公営の保健・医療サービス ※全居住者を対象 ※広域自治体（ランスティングなど）が提供主体（現金給付は国の事業として実施）	税方式による国営の国民保健サービス（NHS） ※全居住者を対象	メディケア・メディケイド ※65歳以上の高齢者及び障害者等を対象とするメディケアと一定の条件を満たした低所得者を対象とするメディケイド ※2014年から医療保険の加入が原則義務化し、現役世代は民間保険が中心（67.5%）で、無保険者は8.8%（2016年） ※2015年から企業に対し医療保険の提供をすることが原則義務化。
自己負担	3割 義務教育就学前　2割 70歳～74歳　2割 （現役並み所得者は3割） ※平成26年4月以降に新たに70歳になる者　2割　同年3月末までに既に70歳に達している者　1割 75歳以上　　1割 （現役並み所得者は3割）	・外来：なし ・入院：1日につき10ユーロ （年28日を限度） ・薬剤：10%定率負担 （上限10ユーロ、下限5ユーロ）	・外来：30% ・入院：20% ・薬剤：35% （抗がん剤等の代替薬のない高額な医薬品0%、抗生物質など著しい効果の認められる薬剤35%、胃薬等70%、有用性の低い薬剤85%、ビタミン剤や強壮剤100%） ※償還割であり、一旦窓口で全額を支払う必要あり（入院等の場合は現物給付）。2015年成立の保健システム現代化法により、外来等償還払いを原則としていた部分につ いても、順次医療機関への直接払いを実施 ※自己負担分を補填する補足疾病保険への加入を2016年より義務化（共済組合形式） ※上記の定率負担のほか、外来診療負担金（1回1ユーロ、暦年で50ユーロが上限）、入院定額負担金（1日18ユーロ、精神科は13.50ユーロ）があり、これについては補足疾病保険による償還が禁止されている。	・外来 ランスティングが独自に設定 プライマリケアの場合の自己負担は、1回0～300クローナ ※法律による患者の自己負担額の上限は物価基礎額の0.025倍（1,100クローナ（2017）、各ランスティングはこれより低い額を定めることもできる ※多くのランスティングでは20歳未満については無料。 ・入院 ・日額上限物価基礎額の0.0023倍（100クローナ（2017）の範囲内でランスティングが独自に設定 ※多くのランスティングでは18～20歳までは無料。 ・薬剤 物価基礎額の0.05倍（2,200クローナ（2017）が上限	原則自己負担なし ※外来処方薬については1処方当たり定額負担（8.60ポンド（2017））、歯科治療については3種類の定額負担あり。 なお、高齢者、低所得者、妊婦等については免除があり、薬剤については免除者が多い。	・入院（パートA）（強制加入） ～60日：$1,340までは自己負担 61日～90日：$335／日 91日～：$670／日 ※生涯に60日だけ、それを超えた場合は全額自己負担 ・外来（パートB）（任意加入） 年間$183＋医療費の20% ・薬剤（パートD）（任意加入） $405まで：全額自己負担 $405～$3,750：25%負担 $3,750～$4,850：35%負担（ブランド薬）／44%負担（ジェネリック） $5,000～：5%負担又は$3.35（ジェネリック）／$8.35（ブランド薬）（2018）
財源　保険料	報酬の10.00% （労使折半） ※協会けんぽの場合	報酬の14.6% 本人 ：7.3% 事業主：7.3% ※全被保険者共通 ※自営業者：本人全額負担	賃金総額の13.64 % 本人 ：0.75% 事業主：12.89% ※民間商工業者が加入する被用者保険制度（一般制度）の場合	なし	なし ※NHS費用の2割強は、退職年金等の現金給付に充てられる保険料から充当されている。	入院（パートA） 給与の2.9%（労使折半） ※自営業者は本人全額負担 外来（パートB） $134～428.6／月（全額本人負担）（2018）
財源　国庫負担	給付費等の16.4% ※協会けんぽの場合	被扶養者に対する給付や保険料率の軽減等に対する充当として140億ユーロ（2016）	一般社会拠出金（CSG）：36.0% 目的税（タバコ、酒等）：15.2% 国庫からの移転等：1.5%	ランスティングの税収（主に住民所得税）を財源に運営	主に税を財源として運営 （NHS費用の約8割）	任意加入保険の収支差を国が負担
				※わずかであるが、国からの一般交付税、補助金あり		

出典：厚生労働省「医療保障制度に関する国際関係資料について」

日本の国民皆保険の特徴について、次の選択肢のうち誤っているものを1つ選べ。

〔選択肢〕

①国民全員を公的医療保険で保障している。

②医療機関を自由に選べる（フリーアクセス）。

③安い医療費で高度な医療を提供している。

④社会保険方式を基本としつつ、皆保険を維持するため、公費を投入している。

⑤保険医療機関において保険診療と保険外診療の併用が可能である。

確認問題

⑤

⑤×：保険診療と保険外診療の併用（混合診療）は、原則として禁止しており、全体について、自由診療として整理される。メディカルツーリズムや医療の国際化において課題を残す。

第4章

病院経営管理の基礎

病院経営の基本戦略

1　ステークホルダー

　ステークホルダー（stakeholder：利害関係者）理論がビジネスにおいて最初に定義されたのは1963年のスタンフォードのメモ[1]に遡るといわれる。1990年代に企業倫理、とりわけ企業の社会的責任（CSR：Corporate Social Responsibility）の概念が浸透するのに伴い、①古典的マネジメントモデル（株主を中心したと利害関係者である4つのグループとの関係）（図4-1）から、②ステークホルダーモデル（企業組織と双方向性の関係）（図4-2）、そして③ネットワークモデル（Rowley、1997）（図4-3）へと、概念が発達していった[2]。

　新しい医療経営の戦略的マネジメントは、図に示すように中心に自己の所属する医療組織を置いて、そのネットワークモデルを検討し、ステークホルダーを整理してみることから始めるのが肝要である。

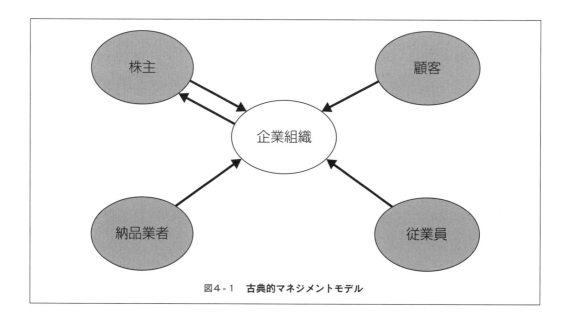

図4-1　**古典的マネジメントモデル**

＊1　当時、ステークホルダーは、「その支援なしでは構成が存続できなくなるグループ」として定義された。

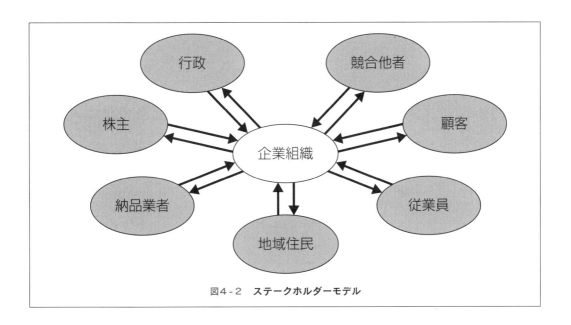

図4-2　**ステークホルダーモデル**

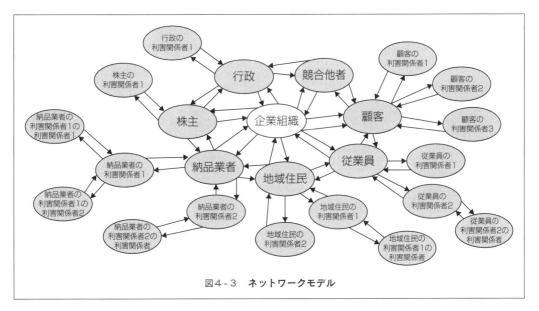

図4-3　**ネットワークモデル**

2　マイケル・E・ポーターの医療戦略論

　アメリカの経営学者ポーターはアメリカ医療崩壊の原因として、医療戦略的観点から、①医療保険のコストと保険へのアクセスに関する問題、②標準的な医療保険の適用範囲、すなわち保険でカバーされる範囲と個人の責任となる医療の範囲の問題、③医療の供給体

＊2　Andrew Crave, Dirk Matten "business ethics" 2nd ed. Oxford university Press pp.57-60. 2007

制の問題——という3つを挙げ、競争の機能不全を指摘している。アメリカの医療システムの根本的な問題は、医療提供体制の破綻にあるからだ。医療分野において競争原理がうまく機能しない原因は、競争の種類、すなわち競争が行われるレベルや競争が対象とするものが間違っていると述べている[3]。

　ポーターは、新たな医療システムのあり方として、医療システムのあらゆる要素を医療の根本的な目的である患者の健康を軸に整理し直すことの重要性を説いている。つまり、患者にとっての医療の価値を高めることに専念すべきであるという。医療の価値を向上させる競争として、具体的に医療提供のバリュー・チェーン（CDVC：Care Delivery Value Chain）を示している。CDVCは、ある病態に対する医療提供のプロセスを書き出し、分析するための体系的な枠組みである。ケア・サイクルとしてのCDVCは常にモニタリング予防から始まる。フィードバックを重ねながら診断、準備、介入（治療行為）、リハビリの順で進行し、最後にモニタリングと管理で終わる。これらは医療提供者の利益になると同時に、患者にとっての価値（単位コスト当たりの健康の実績）となる[4]。

3　SWOT分析

　組織内外のステークホルダーを整理し、SWOT（Strength：強み、Weakness：弱み、Opportunity：機会、Threat：脅威）分析による地域の医療環境と自己組織の関係性を認識するもので、経営戦略立案を行う際に用いられる[5]。

①Strength：強み

　市場での強みを武器にして、市場を最大限に活用するように経営課題を設定する。

②Weakness：弱み

　市場を活用する際に、競合企業に対する弱みを補強する経営課題を設定する。

③Opportunity：機会

　外部環境にあるチャンス。

④Threat：脅威

　脅威が弱みに結びつくリスクを避ける。リスクを避ける経営課題を設定する。

　これらを戦略的マネジメントに組み込み、経営戦略を立案し実行する。

＊3　マイケル・E・ポーター、エリザベス・オルムステッド・ティスバーグ著、山本雄士訳『価値を向上させる競争　医療戦略の本質』日経BP社、2009年
＊4　前掲3　p.310
＊5　ジョセフ・S・サンフィリッポ、トーマス・E・ノーラン、ベイツ・H・ホワイトサイド編著、真野俊樹監訳『MBA式医療経営戦略ハンドブック』日本医療企画、2006年

4 「経営の質」とコーポレートガバナンス

　経営の質は、いくつかのファセット（多面体の切り子面）の研磨によって結晶化する。た
とえば、電子カルテの導入やIT活用による情報統治。バランスト・スコアカード（BSC：
Balanced Score Card）の導入による財務・会計管理、ファイナンス。クリティカルパス
を用いたチーム医療による医療の質管理。医療監査への対応、人事管理、守秘義務遵守か
ら接遇教育。日進月歩の医療技術の研究と開発。チェック・アンド・バランスを活かした
組織行動の統治保証。そして、医療組織全体での理念の実現に向けた理事会のコーポレー
トガバナンス機能が、病院経営の質の向上に寄与する。

　しかし、これらが単独で機能しても、病院経営の質は向上しない。たとえば、電子カル
テの導入に投下した資本が医療と経営の質の向上に効果的につながるためには、電子カル
テとオーダリングシステムやレセプト請求システム、看護支援システムなど各ファセット
が一体として磨かれ、システムとして機能する必要がある[6]（図4-4）。

5 ブランディング

　ブランディングとはブランド資産（Brand Equity）とブランド価値（Brand Value）、ブラ
ンド・ロイヤルティ[7]（Brand Royalty）に分けて検討し、病院のブランド力を向上させる

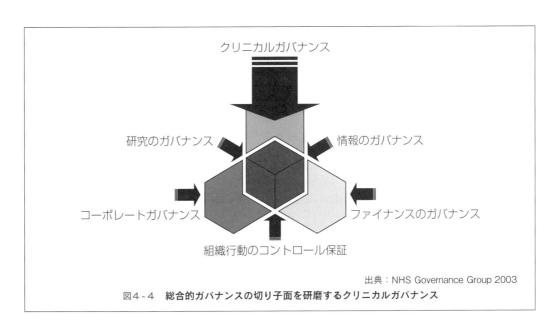

出典：NHS Governance Group 2003

図4-4　総合的ガバナンスの切り子面を研磨するクリニカルガバナンス

＊6　今村和明・康永秀生・井出博生著『医療経営学』医学書院、2006年
＊7　患者をはじめとするステークホルダーが、特定のブランド（病院）をあたかも忠誠を誓ったように反復的に受診すること。

活動を指す。それにはブランドマーケティング手法を用いる[8]。強いブランドは事業組織の収益や利益向上に貢献するため、財務資産として価値づけられる。医療におけるブランド価値は、次の4つをいう。

①事実・特長

医療機関の提供する医療サービスの特長や質であり、ブランドの原点ともいえるもの

②機能的価値

医療機関が提供するサービスによって、患者が得る物理的・機能的効用

③情緒的価値

医療機関と患者との関係(たとえば、患者と医師の関係)によって発生する感覚や気分、あるいは絆

④社会的・生活的価値

医療機関のブランドから得られるライフスタイルへの効果(たとえば、自分の疾病管理や生活習慣病に対するセルフケア、健康増進への積極的関与)

ブランド資産は顧客に対して価値を増やしたり、あるいは減じたりするもので、その概念を図4-5に示す。

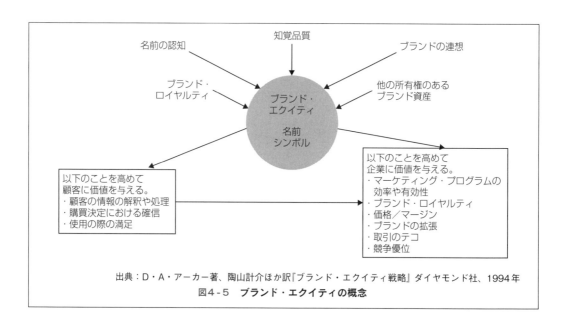

出典：D・A・アーカー著、陶山計介ほか訳『ブランド・エクイティ戦略』ダイヤモンド社、1994年
図4-5　ブランド・エクイティの概念

---

[8]　㈱博報堂ブランドコンサルティング『ブランドマーケティング』日本能率協会マネジメントセンター、2000年

② 病院運営（オペレーション）

1 「経営の質」と「医療の質」

　「病院経営の質」が良いからといって、提供する「医療の質」が良いとは限らない。また、医療の質が高くても経営状況が良くない病院もある。つまり、「経営の質」を測る指標──医業収益率や患者1日当たりの入院収益などで示される病院の収益性や生産性（たとえば、病床稼働率）、効率性（人件費率や薬品や医療材料費率）──と、「医療の質」を測る各種死亡率等の指標には相関はない。

　これは、診療報酬体系が「経営の質」と「医療の質」を両立させる制度になっていないことに起因する。診療報酬制度が成果主義に基づいてなく、構造的な視点やプロセスの価値を評価する視点に立脚していないためである[*1]。しかし、医療経営において「経営の質」と「医療の質」はもっとも重要な両輪であり、強いドライブシャフトで駆動される関係にある。

2 病院機能評価

　病院機能評価とは、1995（平成7）年に設立された（公財）日本医療機能評価機構が病院の第三者評価を行い、病院が質の高い医療サービスを提供していくための支援をすることを目的とした事業である。1998（平成10）年から本格的に稼働した。病院が受審動機としているものの上位は、職員の意識改革、現状の客観的評価、病院機能改善のきっかけづくり、患者サービスの向上、経営改善などである。

　また、質マネジメントシステム（QMS：Quality Management System）の国際規格であるISO9001を医療に適用することによって、医療の質の向上を図ることも可能である。

　そのほか、アメリカの医療機関を対象とした病院評価機構（JC：The Joint Commission）の国際部門としてJCI（Joint Commission International）がある。設立は1994年、本部はシカゴにあり、母体であるJCが第三者の視点から医療機関を評価する。JCは民間団体で、日本医療機能評価機構の原型となった組織でもある。米国においては、医療機関がJCI認定を受けることでメディケア、メディケイドなどの保険償還を受ける際

---

*1　川渕孝一著『病院の品格』日本医療企画、2008年

に有利になるというメリットがある。

2019（平成31）年2月1日現在、世界各国で1,131の施設がJCIによる受審をしている。JCI（https://www.jointcommissioninternational.org）　によると、認証更新を含めJCI認証病院がある国は65か国で、施設数は723におよぶ（2020［令和2］年2月現在）。日本におけるJCI認証は31施設で、プログラム別では病院プログラム25、学術医療センタープログラム4、救急医療プログラム2となっている。アジア地域での主な認証病院は、中国88（このうちホームケアプログラム1を含む）、タイ61（このうち長期ケアプログラム1を含む）、インドネシア30、マレーシア16、韓国14、台湾11、シンガポール8となっている。

3　物品管理（SPD）

病院費用において人件費はその50%以上を占める。次いで医薬品や医療材料費が20〜30%程度を占める。貸借対照表（B/S：Balance Sheet）は会計年度末時点での資産、負債、資本（純資産）の状態を示すが、医薬品や医療材料の在庫は現金と同じ流動資産として計上されるから、在庫を可能な限り減少させることは現金が増えることを意味する。よって、B/S上の経営指標として効果的である。損益計算書（P/L：Profit and Loss Statement）上では、医薬品や医療材料管理は病院の利益に影響を与える。また、医薬品や医療材料は安価なものから高額なものまであり、一般的に使用期限が短期間であるため、効率的に管理する必要がある。

そこで、トヨタのカンバン方式であるJIT（Just in Time：必要なときに必要なもの）が医療機関にも適用されたのがSPD（Supply Processing and Distribution）である。古くは富山の置き薬を想起するが、SPDの外部委託（アウトソーシング）により物品をバーコード等を用いてコンピュータ管理することで適正在庫管理が可能となっている。

4　外部委託（アウトソーシング）

病院業務のうち、非医療部門で外部委託の対象となる業務は多岐にわたる。SPDはもちろん、臨床検査業務のうち高額な投資が必要で検査頻度の少ないものは、外部へ委託発注することが多い。また、検査機器と試薬に関してFMS（Facility Managed System：共同運営方式）を採用する場合がある。病院給食は多くが院内外注形態をとっている。患者満足度向上のためであることはもちろん、食品衛生管理上、一般調理法、クックチル方式によるTT（Time and Temperature）管理、あるいはHACCP（Hazard Analysis and Critical Control Point：食品の衛生管理システムの国際標準）導入が高まっている[2]。

＊2　吉長成恭ほか「『PPP（公共サービスの民間開放）による地域活性化推進モデル構築調査』報告書〜クックチル方式によるセントラル・キッチン・システム実施方策検討調査〜」シンクバンク研究所・中国経済産業局、2004年

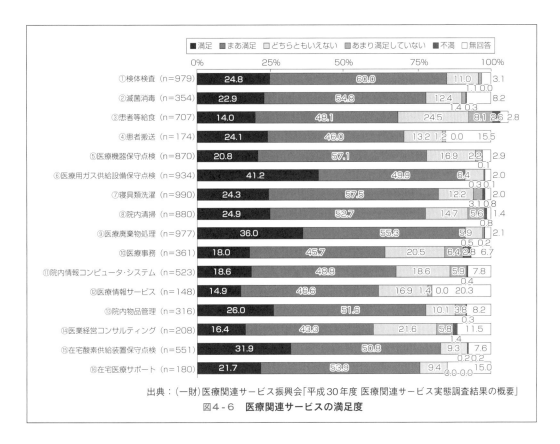

出典：（一財）医療関連サービス振興会「平成30年度 医療関連サービス実態調査結果の概要」

図4-6　医療関連サービスの満足度

　医療事務については、受付業務から診療報酬請求業務まで、派遣スタッフの活用が日常的になっている。

　最近では、院内ショップ（たとえば、コンビニエンスストア、ベーカリー、カフェ、託児所等）の開設が多くなり、そのビジネスモデルも確立されてきた。

　図4-6には、（一財）医療関連サービス振興会「平成30年度医療関連サービス実態調査結果の概要」に掲載されている、病院における外部委託の医療関連サービスに対する満足度を示している。

5　顧客満足度（CS）と従業員満足度（ES）

（1）顧客満足度（CS）、患者満足度（PS）

　スカンジナビア航空を改革したヤン・カールソンは、CSの名著『真実の瞬間』において「企業の評価は従業員が顧客と接する15秒で決まる」と述べている[3]。CSを最上位の概念と

---

[3]　ヤン・カールソン著、堤猶二訳『真実の瞬間』ダイヤモンド社、1990年

して組織が共有できるよう、これまでの上意下達のコミュニケーション組織から、個々の従業員への情報発信権限の委譲によって多角的で双方向性のコミュニケーションを促進することが必要である。スタッフがCS向上のために自立的に行動する志向を有する協働的組織が、顧客満足の「真実の瞬間」を生み出すとしている。ウェンディ・リーボフらは、医療の質とサービスの改善がもたらす「患者満足度」向上へ向けての、医療機関の具体的な医療サービス戦略を示している[4]。

　ここで、JCSI（Japanese Customer Satisfaction Index：日本版顧客満足度指数／公益財団法人日本生産性本部）の特徴を3つ挙げる。

　①各企業が提供するサービスを、利用者に「全企業共通の質問」で評価してもらい、それらを指数化しているため、業界横断的な比較・分析を可能にしている、②単なる顧客満足度指数だけでなく、なぜ満足／不満足になったかの「原因」と、満足／不満足がどのような影響をもたらすかの「結果」についても指数化し、それらの因果関係を明らかにしている、③これらの顧客満足に関する多面的評価データを提供できるので、個別の業界や企業の具体的な経営改善が期待できる[5]。

　前田ら[6]は図4-7のように、患者満足度の統計的な構造モデルを示している。患者満足度は「医療」と「経営」の質を表している[7]（図4-8）。

　ミシガン大学のドナベディアン教授は、1968年、医療サービスの品質を①構造（施設・設備・スタッフ配置、教育・専門性）、②プロセス（患者との接触、診察過程など）、③成

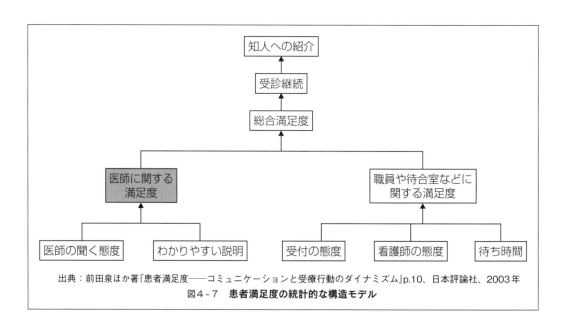

出典：前田泉ほか著『患者満足度——コミュニケーションと受療行動のダイナミズム』p.10、日本評論社、2003年

図4-7　患者満足度の統計的な構造モデル

＊4　ウェンディ・リーボフ、ゲイル・スコット著、神尾友和ほか監訳『医療の質とサービス革命——「患者満足」への挑戦』日本医療企画、1997年
＊5　サービス産業生産性協議会『平成21年度JCSI調査結果発表』プレス用、(財)日本生産性本部、2010年3月16日
＊6　前田泉・徳田茂二著『患者満足度——コミュニケーションと受療行動のダイナミズム』p.10、日本評論社、2003年
＊7　前掲6　p.12

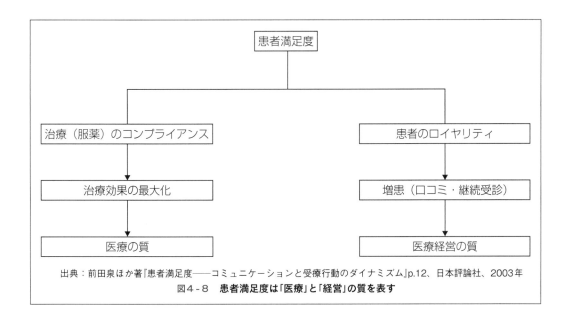

出典：前田泉ほか著『患者満足度——コミュニケーションと受療行動のダイナミズム』p.12、日本評論社、2003年

図4-8　患者満足度は「医療」と「経営」の質を表す

果(死亡率、治癒率、患者満足度)——に分類している。

(1)医師に関わる品質評価次元(外来・入院)

　病院における外来と入院の因子分析から見た医師への患者満足度は、患者の評価次元、つまり品質評価次元で分析できるとされる[8]。因子は以下のように分けられる。

・第1因子：患者とのコミュニケーション
・第2因子：患者に対する態度
・第3因子：患者との接触時間
・第4因子：医療能力
・第5因子：医師内での能力・患者対応の同質性

　外来では第1因子・第2因子・第4因子が、入院ではさらに2つの次元(第3因子と第5因子)が抽出された。

　外来患者と入院患者の医師に関わる品質評価次元を表4-1～2に示す。

＊8　(財)日本生産性本部(旧：社会経済生産性本部)「サービス産業生産性研究委員会報告」、1995年

表4-1　医師にかかわる品質評価次元(外来患者)

質問項目 / 因子寄与率(60.2%)	第1因子(23.7%)患者とのコミュニケーション	第4因子(22.8%)医療能力	第2因子(13.8%)患者に対する態度
十分な時間をかけて説明 説明のわかりやすさ 質問のしやすさ 薬についての十分な説明 質問の受け入れ	■		
治療に対する最善の努力 治療・処置の手際の良さ 治療に必要な知識・技量の保持 信頼性 患者の気持ちになっての接触 患者の不安感を解消する努力 治療への十分な時間の投入		■	
親しみやすさ 患者に対する平等な対応 患者のプライバシー保護			■

出典：(財)日本生産性本部　サービス産業生産性研究委員会報告　平成7年より作成

(2)看護師に関わる品質評価次元

看護師に関わる品質評価次元について、負荷因子の高いものから順に挙げると、外来患者では第1因子「患者に対する態度・看護能力」、第2因子「看護師内での能力・患者対応の同質性」、入院患者では第1因子「患者に対する態度」、第2因子「看護能力」、第3因子「患者とのコミュニケーション」、第4因子「看護師内での能力・患者対応の同質性」である。

(3)医師・看護師以外の品質評価次元

医師・看護師以外の品質評価次元について、負荷因子の高いものから挙げると、外来患者では第1因子「病院の管理体制」、第2因子「待ち時間の短さ」、第3因子「医療設備・備品の充実度」、第4因子「待ち時間の充実度」であった。また、入院患者では第1因子「医療設備・備品の充実度」、第2因子「病室の快適性」、第3因子「食事の良さ」、第4因子「病院の管理体制」、第5因子「共同利用施設の充実度・清潔さ」、第6因子「同室の患者との関係」、第7因子「時間の自由度」の順に負荷因子が抽出された。

不満の原因として件数の多いものを順に挙げると、外来患者では受付職員、医師、看護師、会計職員、入院患者では看護師、ほかの患者、病院の設備、医師である。

JCSIで指数化する項目は、①顧客期待、②知覚品質、③知覚価値、④顧客満足、⑤クチコミ、⑥ロイヤルティ——の6項目である。図4-9に、その因果関係モデル図を示す。

表4-2　医師に関わる品質評価次元（入院患者）

質問項目 \ 因子寄与率（60.2%）	第1因子（17.6%）患者とのコミュニケーション	第2因子（16.2%）患者に対する態度	第3因子（14.2%）患者との接触時間	第4因子（8.4%）医療能力	第5因子（6.2%）医師内での能力・患者対応の同質性
質問の受け入れ 十分な時間をかけて説明 説明のわかりやすさ 質問のしやすさ 薬についての十分な説明	■				
患者に対する平等な対応 個々の患者に対する十分な注意 患者のプライバシー保護 患者の不安感を解消する努力 服装の相応さ		■			
治療への十分な時間の投入 回診の多さ 治療に必要な知識・技量の保持			■		
治療に対する最善の努力 治療・処置の手際の良さ				■	
医師内での知識・能力の差異 医師内での患者との接し方の差異					■

出典：（財）日本生産性本部　サービス産業生産性研究委員会報告　平成7年より作成

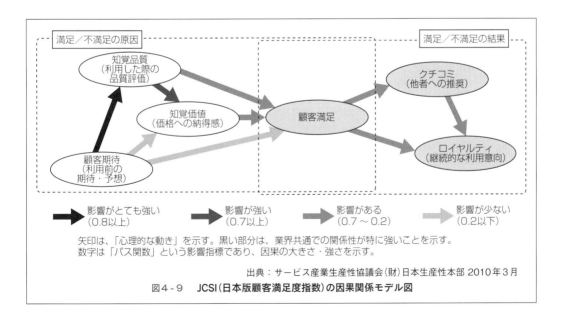

影印は、「心理的な動き」を示す。黒い部分は、業界共通での関係性が特に強いことを示す。
数字は「パス関数」という影響指標であり、因果の大きさ・強さを示す。

出典：サービス産業生産性協議会（財）日本生産性本部　2010年3月

図4-9　JCSI（日本版顧客満足度指数）の因果関係モデル図

▎(2)従業員満足度(ES)

　従業員満足度は、所属医療機関への関与度に比例する。採用時の条件、教育や研修など学習する組織文化の有無、業績評価や上司の公平さ、職務権限委譲(エンパワーメント)、価値観などが、従業員満足度向上へのインセンティブの基本となる。ワーク・ライフ・バランスは生活の質向上のうえで重要であり、医療機関では価値観の多様性を理解した雇用環境が求められる。

　医療機関での従業員満足度の負荷因子は、医師、看護師、そのほかの医療スタッフ、非医療スタッフ等、職務部門によって異なるが、「患者との関係」は独立した変数として影響を受けるため重要な因子である。

　従業員満足と顧客満足と財務業績が連鎖していることは、誰でも容易に想像できる。

▎(3)日本とアメリカにおける医療サービスの品質水準の相違[*9]

　サービス産業生産性協議会によると、「日本人調査では、評価ポイントとして『信頼性』が特に重視され、『正確性』がこれに続いている。日本の病院については、19種類のサービスで最も多い21.2%が『この中にはない』と回答しており、ネガティブな評価が多いことを示唆している。レーダー・チャートでも全体的に低評価で、特に『信頼性』『正確性』でギャップが大きい。米国の病院についても、『この中にはない』が35.7%と、ネガティブな評価が多い。特に『信頼性』のギャップが大きい。

　米国人調査では、『信頼性』『正確性』に加えて、日本ではあまり重視されていない『設備や道具の見栄えの良さ』『顧客に進んで手を貸す』が重視されている。日本の病院について、19種類のサービスで最も多い21.7%が『この中にはない』という回答だったが、米国の病院については、『この中にはない』は11.6%と、日本の病院の約半分にとどまっている。『安心して従業員に接する』をはじめ、ほとんどの評価ポイントで日本を上回っている」と指摘している(図4-10)。

＊9　サービス産業生産性協議会「同一サービス分野における品質水準の違いに関する日米比較調査」(財)日本生産性本部、2009年3月

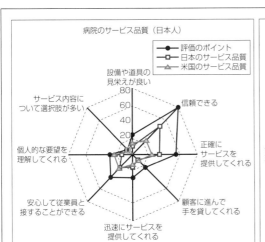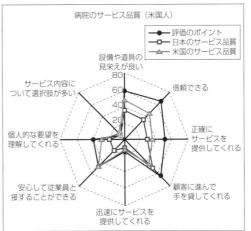

出典：サービス産業生産性協議会（財）日本生産性本部 2010年3月

図4-10　同一サービス分野における品質水準の違いに関する日米比較調査

③ リスクマネジメント（医療安全と病院の評判）

1　医療安全の概念

　1999年にアメリカ医学研究所（IOM：Institute of Medicine）の報告書『To Err is Human：Building a Safer System』が発行されたことを契機に、医療従事者のみならず一般生活者にまで医療安全への関心が高まった。IOMの報告には、アメリカ国内での医療エラーに関連した死亡者数は4万4,000人から9万8,000人と記され、そのほかの重大な有害事象の発生件数の推計も掲載された。この報告は、アメリカの医療の危険性を強調し、医療の質の信用性を失墜させるもののごとき様相を呈していた。この報告書を基に、AHRQ（Agency for Healthcare Research and Quality）が患者の安全を確保するための実践方策を開発し、医療従事者に普及する手立てを講じた。AHRQは2001年に、カリフォルニア大学とスタンフォード大学合同のEPC（Evidence-based Practice Center）で医療安全の科学的根拠を検討した。

　いうまでもなく、医療安全は患者安全と同義である。AHRQとNQF（National Quality Forum for Quality Measurement and Reporting）は、アメリカの医療改善推進のため1990年に提携された官民連携の組織である。ここでは、患者を守る実践方策の定義を「さまざまな疾病とその処置による医原性の有害事象の可能性をその適用により減少させるプロセスや構造」としている[1]。

　レポートと技術評価を次にまとめる。

　医療安全の概念は、①医療事故（medical accident）、②医療過誤（medical malpractice）、③メディカルインシデント（medical incident）、④合併症（complications）──の4つに分類される。医療経営に直接影響を与えるのは医療事故と医療過誤である。この発生を未然に防ぐための管理対象として、メディカルインシデントと合併症がある。

　医療事故とは、医療サービス提供プロセス中に患者の死亡や症状の悪化など身体的・精神的障害を引き起こした場合をいう。患者のみならず医療従事者も被害者になり得る。

＊1　今中雄一監訳『医療安全のエビデンス─患者を守る実践方策』医学書院、2005年

2　ヒヤリ・ハット

（1）ハインリッヒの研究とジェームズ・リーズンのスイスチーズ・モデル

　アメリカの技師H・W・ハインリッヒの労災事故研究では、1件の重大事故に対し軽微な事故が29件の比率で、さらに傷害に至らない事故が300件の比率で存在し、これらは防止できなかった過失であるとしている。しかし、未然に防止できるもの（ヒヤリ・ハット体験）が氷山の底に膨大にある。ジェームズ・リーズンのスイスチーズ・モデルでは、組織事故発生のプロセスをわかりやすく示している（図4 -11）。

　ヒヤリ・ハット報告を拒む理由を、川村は以下のように述べている[2]。
①報告の必要性があるかを理解できない
②余計な仕事はしたくない
③報告すれば、よくミスを犯しかける職員として悪く評価されるかもしれない
④報告がどう使われるかわからない
⑤報告すれば、後で煩わしいことに巻き込まれるかもしれない
⑥関係者に告げ口をしたように思われたくない
⑦いやなことをわざわざ思い出したくない

　これらを前提に、報告してよかったと思えるヒヤリ・ハット行動に結びつけるために、

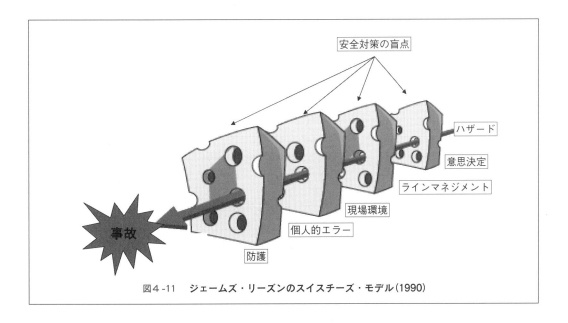

図4 -11　ジェームズ・リーズンのスイスチーズ・モデル（1990）

＊2　川村治子著『書きたくなるヒヤリ・ハット報告書』p.9、医学書院、2000年

①報告がお互いの事故防止に役立っていると実感できること、②報告がどのように事故防止に活かされたかがわかること——が大切であり、そのためにはヒヤリ・ハット報告の収集後の、何らかの有用で迅速なフィードバックが大切であると指摘している。

■（2）医療安全と法的義務

医療法では2002（平成14）年10月から、特定機能病院、臨床研修病院、一般病院、有床診療所に対し、①安全管理のための指針の整備、②院内報告制度の整備、③安全管理委員会の設置、④安全に関する職員研修の実施——を義務づけている。2006（平成18）年の医療法改正により、2007（平成19）年4月から無床診療所に対しても同様の義務が課された。

2003（平成15）年4月からは、特定機能病院、臨床研修病院に対して、さらに医療安全管理者の配置、医療安全管理部門の設置、患者相談窓口の設置を義務づけている。

2010（平成22）年度診療報酬改定においては、85点の医療安全対策加算1（専従）および35点の医療安全対策加算2（専任）に改定された。この加算に関する施設基準には、研修を修了した専従の医療安全管理者の配置、医療安全管理部門の設置、医療安全管理部門の指針や業務内容の整備等、医療安全管理体制に関する基準、医療安全管理者の行う業務に関する基準、医療安全管理部門の行う業務に関する基準等がある。

これまで都道府県などが設置していた医療安全支援センターは、医療法改正によって2007（平成19）年4月から法的に位置づけられた。同センターには、医療機関や地域医師会等との連絡調整を行う医療安全推進協議会と、医療に関する苦情や相談等に応じる相談窓口があり、後者は引き続き患者や家族からの苦情に対応したり、助言を行ったり、情報提供したりする機能をもつ。

現場の医療事故やヒヤリ・ハット事例については、（公財）日本医療機能評価機構が集計・分析し、その結果を公表をしている[3]。

2017（平成29）年6月に医療法の改正が公布された。改正の趣旨は、「安全で適切な医療提供の確保を推進するため、検体検査の精度の確保、特定機能病院の管理及び運営に関する体制の強化、医療に関する広告規制の見直し、持分の定めのない医療法人への移行計画認定制度の延長等の措置を講ずること」である。

医療法では、医療の安全の確保について、主に第6条の9から27で定めている。2018（平成30）年5月30日の「医療法施行規則の一部を改正する省令等の施行について」では、以下の周知を求めている。

1　改正後医療法第16条の3第2項の規定に基づく特定機能病院の管理及び運営に関する事項のうち重要なものは、運営方針、中期計画、予算及び決算その他の病院の運営に関

---

*3　http://jcqhc.or.jp/html/index.htm

する重要な事項とし、管理及び 運営の実施方法として合議体で審議し、審議の概要を従事者に周知することとする。（改正後医療法施行規則第9条の23関係）

2　改正後医療法第19 条の2の規定に基づく特定機能病院の開設者が講じなければならない措置は、次の事項とする。（改正後医療法施行規則第15条の4関係）

・管理者が有する権限の明確化
・医療の安全の確保に関する監査委員会の設置
・特定機能病院の管理者の業務が法令適合することを確保するための体制の整備
・特定機能病院の開設者等による当該特定機能病院の業務の監督に係る体制の整備医療安全管理の適正な実施に疑義が生じた場合等の情報提供窓口の設置

3　法第16条の3第1項第7号に管理者の責務として規定されていた医療安全に係る監査委員会の根拠条文が改正後医療法第19条の2第1号の開設者の責務に移動したため所要の改正を行う。

4　法第16条の3第1項第7号に管理者の責務として規定されていた医療安全管理の適正な実施に疑義が生じた場合等の情報提供を受け付けるための窓口の根拠条文が改正後医療法第19 条の2第4号の 開設者の責務に移動したため所要の改正を行う。

　このように医療安全の管理業務は、組織が自ら内部評価することや、第三者機関等の外部評価により、安全管理上の問題点を明らかにすることが、極めて有効である。また、地域における医療機関等の連携により医療安全対策等の相互評価の取り組みがなされている。

　一方、2018（平成 30）年度診療報酬改定では、医療機関の連携による医療の安全評価として、「医療安全対策地域連携加算」が新設された。これに関連し、平成 30 年度厚生労働行政推進調査事業費補助金（厚生労働科学特別研究事業）「医療安全における医療機関の連携による評価に関する研究」では、「医療安全地域連携シート」が取りまとめられている。

3　ホームページとマスメディア対応

　病院広報に関する戦略は、マーケティング戦略では、企業が統制可能なマーケティングの4 P（Product・Price・Place・Promotion）の中のPromotion（販売促進）のうち、非人的販売促進のカテゴリーに入る。後述するように今日のマーケティング戦略は、統合型マーケティング・コミュニケーション（IMC：Integrated Marketing Communications）として、組織内外のステークホルダーによる双方向性のコミュニケーションの確立が主体となっている。

　2017（平成29）年6月の医療法改正により、医療に関する広告規制の見直しが行われた。これにより、医療機関のウェブサイト等についても、他の広告媒体と同様に規制の対象と

し、虚偽または誇大等の表示を禁止し、是正命令や罰則等の対象とすることになった。背景には、美容医療に関する相談件数が増加する中、消費者委員会より、医療機関のウェブサイトに対する法的規制が必要である旨の建議（美容医療サービスに係るホームページ及び事前説明・同意に関する建議［消費者委員会平成27年7月7日]）がなされたことがある。

　厚生労働省「医業若しくは歯科医業又は病院若しくは診療所に関する指針（医療広告ガイドライン）」では、規制の対象となる広告の定義として、以下2点を挙げ、いずれの要件も満たす場合には、広告に該当すると判断している。

①患者の受診等を誘引する意図があること（誘因性）

②医業若しくは歯科医業を提供する者の氏名若しくは名称又は病院若しくは診療所の名称が特定可能であること（特定性）

　一方、通常、医療に関する広告とは見なされないものの具体例として、以下5点を挙げている。

①学術論文、学術発表等

②新聞や雑誌等での記事

③患者等が自ら掲載する体験談、手記等

④院内掲示、院内で配布するパンフレット等

⑤医療機関の職員募集に関する広告

　小林と吉長は、病院ウェブサイトによる情報発信について、危機管理と広報の観点から193病院の医療事故が、該当病院のウェブサイトでどのように取り扱われたかの調査を行った[4]。その結果、医療機関のネット上の情報はあらゆるステークホルダーへの情報発信であると考えると、ウェブサイトは広報的観点から、リスクマネジメントのツールとして戦略的価値をもつことが明らかである。病院広報担当者はこの点をよく理解する必要がある。

　次にリスクマネジメントの観点から、研究対象とする198件の医療過誤に関する記事が過誤が発生してからどのくらいの時間経過のあとに記事になったかを調べた。一般に医療過誤に関する報道は、事故発生直後に関係者（過誤の患者・家族を含む）によって公表される場合、事故発生から日時が経過したのち病院と患者・家族の折衝の中で問題となって公表される場合、訴訟中に社会問題となって公表される場合、訴訟が結審し判決やその影響が話題となりメディアが取り上げる場合、などに区分される。

　医療過誤に関するメディアの報道は、事故発生時から病院と患者・家族の関係が社会的に終結したあとまで、折りに触れ繰り返される可能性がある。病院ウェブサイトは、病院が必要とするときに自己の意見を掲載することが可能である。よって、その活用いかんで病院広報の価値は大きく左右される。

---

*4　小林暁峯・吉長成恭「病院ウェブサイトの経営的価値の研究」『病院管理』第40巻第40号、2003年

4 コーポレート・レピュテーション[*5]（病院の評判）

コーポレート・レピュテーションとは、「経営者および従業員による過去の行為の結果、および現在と将来の予測情報を基に、企業を取り巻くさまざまなステークホルダーから導かれる持続可能な競争優位」（櫻井）[*6]と定義され、企業の無形資産として確立しつつある。

病院の価値の根幹は医療サービスの安全性にある。一般企業では、経常利益や当期純利益のような会計上の利益の確保・向上が企業価値であり、株価に反映される。しかし、今日ではCSR（Corporate Social Responsibility：企業の社会的責任）が注目されている。その企業の社会的課題（たとえば環境問題、地域社会への貢献度、少子高齢化への対応、社員のメンタルヘルス・健康管理など）の取り組みに対するステークホルダーからの社会的評価が、企業価値の重要な要素となっている。消費者運動に源を発するSRI（Socially Responsible Investment：社会的責任投資）の一般投資家の投資行動やLOHAS（Lifestyle of Health and Sustainability：健康と環境に親和性をもつ生活創造者[*7]）のライフスタイル、あるいは社会的起業家への関心がその代表例である。

このような市場が迫る新たな企業価値への期待を評価軸として設定しなければならない時代となっている。加えてコーポレート・ガバナンスやコンプライアンスといった企業の内部統制の仕組みが問われ、社会からの信頼を得ることができる企業経営が企業価値を高めている。医療機関も例外ではない。

コーポレート・レピュテーションを向上させる中心的な要因を"見える化"する必要がある。松田らはコーポレート・レピュテーション戦略を可視化してマネジメントするには、バランスト・スコアカード（BSC：Balanced Score Card）が有効であるとしている[*8]。

＊5　松田貴典編著『コーポレート・レピュテーション戦略─信頼される企業に向けて』工業調査会、2007年
＊6　櫻井通晴著『コーポレート・レピュテーション』中央経済社、2005年
＊7　吉長成恭監訳、Hal Brill et.al『あなたの価値観による投資 Investing with your Value』p.49、Bloomberg Press、2000年
＊8　松田貴典編著『コーポレート・レピュテーション戦略─信頼される企業に向けて』p.31-36、工業調査会、2007年

4　クリニカルガバナンス（医療の質と学習する組織）

1　医療経営の特殊性

　医療機関は財政的基盤を確保し継続させる専門職能組織として、ヒト・モノ・金・情報の経営資源と医療の質のベクトルを合わせる経営が要求される。よって、医療経営には営利を目的とした民間企業の経営管理手法と、営利を目的としない公益的サービス提供の経営マインドが欠かせない。

　これまで医療経営は、一般の営利企業活動の経営管理手法を導入することで効果を上げてきた。ここでさらに医療組織の中核機能（コア・コンピタンス）である患者中心のチーム医療について、クリニカルガバナンス機能の強化をする必要がある。近年、市場化が進展した米国の医療システムで社会的課題が山積する一方、イギリスでは医療制度改革で医療の質が目覚しく向上した。その考え方は、質の高い医療サービスの向上と提供という内部プロセスの視点であり、根幹サービスである医療のガバナンスに力点を置き、患者中心のチーム医療サービス組織としての機能強化を進めることが、医療経営の質の向上に最も効果的と考えられるようになったからである[*1]。

2　「医療の質」とクリニカルガバナンス

　イギリスのスタッフィードシャー大学教授でNHS（National Health Service：国民保健サービス）プライマリケア卒後研究教育責任者のルース・チャンバース（R.Chambers）によると、クリニカルガバナンスとは、「医療組織が学習する文化を醸成し、継続的にサービスの質を向上させ、優れたケアを供給できるような環境を創り出し、高水準の気を維持発展させるための規範」（筆者訳）と定義されている[*2]。

　クリニカルガバナンスの基本方針とは、以下の4つである。
①患者中心のケア
②多専門職の協働（チーム医療）
③医療サービス提供を最高の質で維持するための開発システム（First Class Services）

＊1　吉長成恭「DPC時代における病院管理学とは！　医療の質に関わる臨床指標アラカルト──クリニカルガバナンス」『医薬ジャーナル』41巻第2号、2005年
＊2　R. chambers, Gill Wakley "Making Clinical Governance Work for You" Radcliffe Medical Press 2000

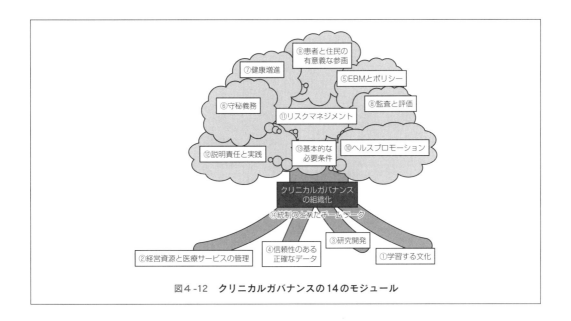

図4-12　**クリニカルガバナンスの14のモジュール**

④測定可能で持続可能な学習する文化を組織の中に醸成する戦略(RAIDモデル)

　医療の質はクリニカルガバナンスによって担保される。クリニカルガバナンスの基本方針は以下の7つ柱(分野)に分類され[3]、14のモジュールで構成されている[4](図4-12)。

(1)クリニカルガバナンスの7つ柱

　クリニカルガバナンスは、以下の7つの柱からなっている。
①医療監査
②臨床リスクマネジメント
③科学的根拠に基づく、効果的治療プログラム
④教育と研修と継続的専門的な能力開発(CPD：Continuous Professional Development)
⑤チーム医療、ここでは臨床スタッフと非臨床スタッフがチーム医療の一員として連携し、それぞれが継続的に専門的能力を開発し維持すること
⑥品質向上を支援するための各種情報の活用
⑦患者・住民の参画

(2)クリニカルガバナンスの14のモジュール

　14のモジュールのうち根幹をなすのは、①個人および組織の学習する文化の確立と維持、②経営資源と医療サービスの管理、つまりヒト・モノ・金・情報の管理、③研究開発

---

* 3　Alison Talbot-Smith and Allyson Pollock "Seven pillars of clinical governance The NHS a guide"p115 Routledge 2006
* 4　ルース・チャンバース、ギル・ウェイクリィ著、吉長成恭・小林暁峯訳『クリニカルガバナンス──病医院経営　医療の質を高める「14の視点」』日本医療企画、2004年

していく文化の確立と普及、④医療サービスに関する信頼性のある正確なデータの共有――である。

次に、⑤ベンチマークなどエビデンス（科学的根拠）に基づいた医療サービス（EBM：Evidence Based Medicine）とポリシー、⑥守秘義務（個人情報保護）、⑦コミュニティでの健康増進への取り組み、つまり健康のための資源とライフスタイルと疾病予防サービスによる健康増進、⑧監査と評価、すなわち医療監査と医療の質の評価――が挙げられる。

さらに、⑨患者や住民の有意義な参画、⑩ヘルスプロモーションでは、医学的な取り組みで軽視されがちな、病気がもたらす社会的・環境的側面について、健康教育により個人の役割強化を促すためのプロモーションを開発する。⑪リスクマネジメント、⑫説明責任と実践（アカウンタビリティ、インフォームド・コンセント）では、チーム医療を例にとるとメッセージの一貫性が特に重要になる。⑬基本的な必要条件には、医療制度や政策が要求している業務のほか、組織内での業務査定フレームワークがある。①から④の根に支えられた⑭統制のとれたチームワークにより、⑤から⑬のテーマで、第一級の医療サービスをチーム医療で提供するのである。

国家として国民の保健医療を改善し、国民の健康と幸福を追求するためには、①保健医療の具体的なサービス提供者がどのように行動すべきか、②国家として達成すべき保健医療の分野とターゲットおよび医療の標準設定を誰が行うのか、③サービスの提供の実態の監査と評価は誰の責任か、④評価の結果を国民に開示し次の発展に資するにはどのようにすればよいか――などの課題がある。

イギリスにおけるクリニカルガバナンスは、イギリス保健省主導の医療制度改革の基盤となる構造になっている。まず、国家レベルでの医療政策のスローガンである"ファースト・クラス・サービス"を掲げ、NICE（National Institute for Clinical Excellence）が具体的な医療サービス標準を設定する。これに基づいて、国家レベルの重点目標を保健省が国家サービスフレームワークNSFs（National Service Frameworks）として示す。

第二段階として、医療現場における医師・看護師等の医療専門職能組織の充実を図るため、医療組織における"学習する文化"の醸成をクリニカルガバナンスで実行する。たとえば、医師の免許更新制度や臨床看護師のキャリアパスを明確に示し、医療現場でのチーム医療推進のためクリニカルガバナンス・サポートチーム（CGST：Clinical Governance Support Team）が支援する。

第三段階では、クリニカルガバナンスの各要素の実践状況を評価する、CGR（Clinical Governance Review）とPIs（Performance Indicators）と呼ばれる評価目標指標に対する達成度の評価を行う。この評価は、厚生省外の独立組織である英国保健医療改善委員会（CHI：Commission for Health Improvement）が行う。CHIは、医療サービス組織であるNHSの医療と経営の質に関する業績評価や格付け、GPあるいは患者や住民との関係について監査する。

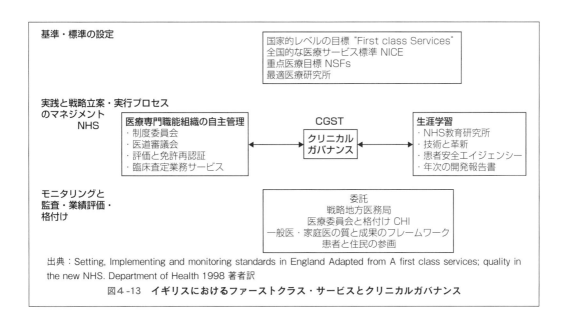

出典：Setting, Implementing and monitoring standards in England Adapted from A first class services; quality in the new NHS. Department of Health 1998 著者訳

図4-13　イギリスにおけるファーストクラス・サービスとクリニカルガバナンス

　このようにして新しいNHSがクリニカルガバナンスを実践することで、医療の質と費用対効果を高める組織文化が醸成され、また実行する能力が開発され、結果としてPIs目標が達成される（図4-13）。

　クリニカルガバナンスの構築による「医療の質」の担保とは、院内に学習する組織文化を創ることである。学習する組織文化は、人材能力開発のスタートであり、それは、何をするかという技術的なツール、どのように管理するかという管理のツール、および何を信ずるかという哲学を組み合わせるバランスのとれたアプローチを包括する[5]。

　持続的な専門職能開発プログラムとキャリアパスの構築が重要になる。そのポイントは、①個人のレベル、②診療所あるいは外来、病棟などの部署レベル、③病院組織レベル──の3つの段階での専門能力開発が相乗効果を得た関係にあることにほかならない[6]（図4-14）。

　クリニカルガバンナス・サポートチーム（CGST）は、次項のRAIDモデルに基づき、ガバナンスをワークショップによって支援する。

　NHSの近代化エージェンシーは、病院におけるクリニカルガバナンスを推進するためにCGSTを編成し、医療現場でのクリニカルガバナンス推進のための具体的支援を行っている。CGSTは多専門職能チームの研修をワークショップ形態で行い、次項のRAIDモデルを展開する。

＊5　Nark Graban "LEAN　HOSPITAL improving Quality, Patient Safety, and Employee Satisfaction " CRC Press 2009
＊6　ルース・チャンバース、ギル・ウェイクリィ著 吉長成恭・小林暁峯訳『クリニカルガバナンス──病院院経営　医療の質を高める「14の視点」』日本医療企画、2004年

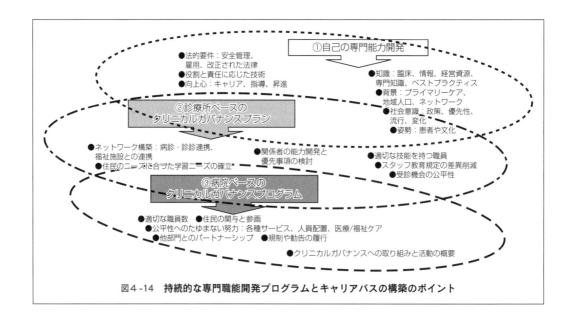

①自己の専門能力開発

●法的要件：安全管理、
　雇用、改正された法律
●役割と責任に応じた技術
●向上心：キャリア、指導、昇進

●知識：臨床、情報、経営資源、
　専門知識、ベストプラクティス
●背景：プライマリーケア、
　地域人口、ネットワーク
●社会意識：政策、優先性、
　流行、変化
●姿勢：患者や文化

②診療所ベースの
クリニカルガバナンスプラン

●ネットワーク構築：病診・診診連携、
　福祉施設との連携
●住民のニーズに合った学習ニーズの確立

●関係者の能力開発と
　優先事項の検討

●適切な技能を持つ職員
●スタッフ教育規定の差異削減
●受診機会の公平性

③病院ベースの
クリニカルガバナンスプログラム

●適切な職員数　●住民の関与と参画
●公平性へのたゆまない努力：各種サービス、人員配置、医療/福祉ケア
●他部門とのパートナーシップ　●規制や勧告の履行

●クリニカルガバナンスへの取り組みと活動の概要

図4-14　持続的な専門職能開発プログラムとキャリアパスの構築のポイント

3　PDC(S)AサイクルとRAIDモデル[7]

　ここではまず、PDC(S)A(Plan・Do・Check/Study・Act)サイクルとRAID(Review・Agreement・Implementation・Demonstration)モデルを比較する。次に、医療の質の継続的な向上に用いられているクリニカルガバナンス・プログラムを現場組織で効率的に運用するための手法であるRAIDモデルについて報告する。RAIDモデルの目的は、患者中心の医療の質を担保し、従来の考え方や伝統的慣行に挑戦する組織文化を醸成することにある。クリニカルガバナンス・サポートチーム(CGST)は、医療の現場から参加した多専門職能グループに学習する文化の重要性を体験させることができる。

(1)PDC(S)Aサイクル

　PDC(S)Aは1950年代に、品質管理の父と呼ばれるW・エドワード・デミングが生産プロセス(業務プロセス)の中で改良や改善を必要とする部分を特定・変更できるようにプロセスを測定・分析し、それを継続的に行うために改善プロセスが連続的なフィードバック・ループとなるように提案したものである。このため、デミングサイクル(Deming cycle)と呼ばれる。なお、実際にはデミングが考案した用語はPDSAサイクルであって、PDCAの用語はその師であるW・アンドリュー・シュハートのものがオリジナルだったともいわれる(図4-15)。

　PDC(S)Aサイクルは、製造プロセスの品質向上、国際標準化機構(ISO：International

＊7　吉長成恭・小林暁峯「医療の質向上のためのクリニカルガバナンスとRAIDモデル」実践経営機関誌実践経営学会第44巻p.17-22、
　　2007年

> **Plan：計画**
> 目標を設定して、それを実現するためのプロセスを設計（あるいは改訂）する。
> **Do：実行**
> 計画を実行し、そのパフォーマンスを測定する。
> **Check／Study：学習／評価**
> 測定結果を評価し、結果を目標と比較するなどの分析をする。
> **Act：行動**
> プロセスの改善・向上に必要となる変更点を明確化する。

Organization for Standardization）の規格ISO9000やISO1400、企業の社会的責任（CSR：Corporate Social Responsibility）などにおいてマネジメントシステムとして用いられている。

PDC（S）Aサイクルは、米国と英国のコラボレーションによって、継続的に顧客のニーズに、ビジネスを改善して応えるために採用されるシステム・アプローチである。

（2）RAIDモデル

RAIDモデルは、「ボトムアップ」リードされるが、出発は「トップダウン」、つまりリーダーシップが前提となる。有効な組織の例としては多専門職やIT技術者、研究者、管理者などで構成される組織、流動化が進む労働市場にある組織、NPOなどの特定非営利活動組織のように帰属感が比較的希薄な組織と考えられる。また、内部統制やCSRのようなガバナンス機能が十分発揮されるべきテーマに、RAIDモデルは有効であろう。

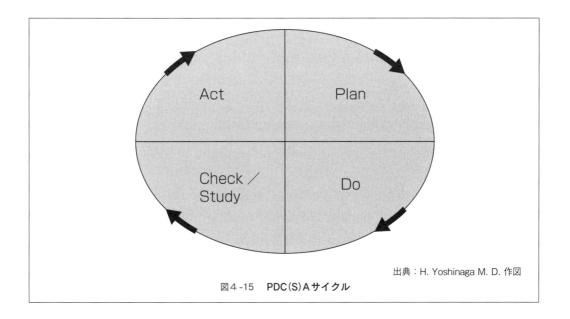

出典：H. Yoshinaga M. D. 作図

図4 -15　　**PDC（S）Aサイクル**

　次に、 S ・ビールらの RAID モデルの原形を示す（図4-16）。

　RAID モデルは、PDC（S）A サイクルから派生したものである。RAID モデルをらせん状に回して、原因と効果の確実性および合意形成レベルが高くなったテーマについては PDC(S)A サイクル化していく。

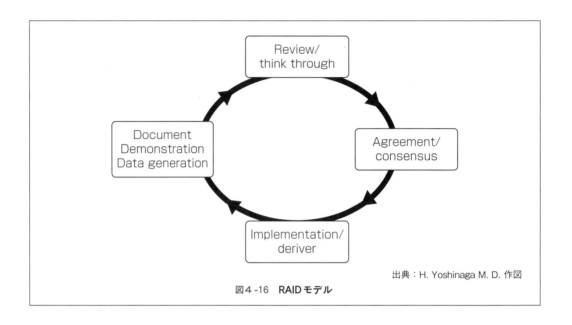

出典：H. Yoshinaga M. D. 作図

図4-16　**RAID モデル**

Review 論評・批判／think through 課題の壁を貫ききった新しい思考

医療現場の課題を分析し、変更すべき内容への責任ある関与。医療の質を改善するために、何を目標にどのような推進組織を組成しマネジメントするかを提示し共有化する。

Agreement 合意形成／consensus 統一見解

提示された新しいビジョンや課題、目標、実行方法について検討し、チームの合意形成を行い内容を開示する。合意形成後は、言い訳をしない責任ある関与を維持する。

Implementation 実行／deriver（医療サービスの）提供

合意形成された内容を実行する。すべての部署に内容を周知徹底し、開示された活性化方策を実行に移す。周知した業務改善のための戦略や戦術を業務実行システムと組織構造に照らして、活性化プログラムを制度化する。実行途中にトップから押し付けられる変更があっても、実行の変更を安易に妥協しない。

Document 文書化／Demonstration 論証／Data generation データの更新

実行した成果やそこに生じた新たな課題等を文書化、分析し、データの更新を行い、それを公表する。そこで新たな分析を行う機会を得る。

▌（3）PDC（S）AサイクルとRAIDモデルの関係

RAIDモデルの適応は、同意形成レベルや原因と効果の因果関係が高く、新しい挑戦に対し複雑性が強い組織や職域で有効に機能する。医療組織のような多専門職能組織や労働市場の流動性が高い職能、また経営管理職レベルでは、新しい挑戦への複雑性が高く、合意形成レベルが低くなりやすい。そこでのプロジェクトは、原因と結果の因果関係が証明しにくい。さらに、LAN等の整備により情報の伝達や共有化は進み、直訴的な情報伝達社会が形成される一方で、情報に対する合意形成機能は希薄になる傾向にある。このような組織や職域ではPDC（S）AサイクルよりもRAIDモデルで管理維持することが機能的であると考えられる。多専門職のチーム組織では、新しいことに挑戦する場合、Agreement（合意形成）が脆弱になりがちである。逆にいえば、新しいことに挑戦するための合意形成の困難性が高い場合、効果や状況の不確実性が強い場合が多い。

そこで、ラルフ・ステーシー（Ralph Stacey、1996）の複合適合システムの研究を考慮することは価値がある。ビール（Beer et al、1990）らは、フロントラインがPDC（S）Aによって運用されている場合、改善に向けての変化への「タスク（課業）」が、しばしば上席管理者の知らない間に現場で変更されている場合があることを報告している。ラングレー（Langley et al、1996）は、PDC（S）Aサイクルは、同意形成や、効果や状況の確実性が強い組織レベルの場合にうまく機能するという。

ふたつの軸の中間にある大きなグループには、サービス向上促進技法ASI（Accelerated Service Improvement Technique）が効果的である。

挑戦への複雑性をもつ組織（ステーシーはこれを「カオスの端」と呼んだ）では、RAIDモデルによるアプローチが有効である。

チーム医療で医療サービスの提供を行う場合、PDC（S）A サイクルモデルとRAIDモデルをマネジメント手法として運用することは、クリニカルガバナンスの醸成を通して医療の質や経営の質改善に大きな効果を発揮する（図4-17）。

4 ▌クリティカルパス（クリニカルパス）

クリティカルパスないしクリニカルパスの意義とメリット・デメリットを、小西らは次のように述べている[8]。以下、表記は小西らが呼称しているクリニカルパスに準ずる。

▌（1）クリニカルパスの意義

クリニカルパスは医療の質の向上、治療・看護の標準化、医療経営の効率化、医療費の適正化、チーム医療の推進、患者満足度の向上につながる。21世紀の医療システム改革

---

[8]　小西敏郎編『医師とクリニカルパス　臨床各科の実際例』p.115-118、医学書院、2000年

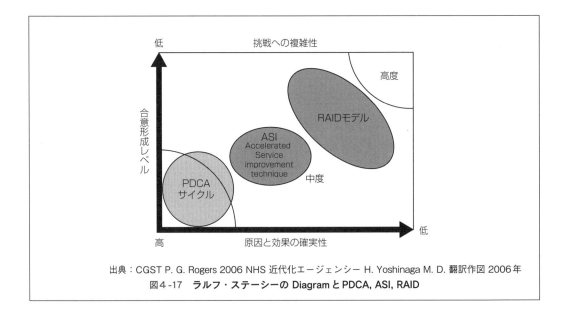

出典：CGST P. G. Rogers 2006 NHS 近代化エージェンシー H. Yoshinaga M. D. 翻訳作図 2006年
図4-17　ラルフ・ステーシーの Diagram と PDCA, ASI, RAID

にクリニカルパスの普及は重要である。医師の関与はまだ不十分であり、看護部主導でクリニカルパスが普及しているのが現状である。

（2）クリニカルパスに反対する理由

①工業過程で開発されたクリニカルパスを人間の治療に導入すべきではない
②プロトコールやマニュアルがあれば、クリニカルパスは必要ではない
③画一的なプログラムで治療を行うべきでない
④バリアンスが多い進行がんや高齢者の治療にクリニカルパスは障害となる
⑤入院期間が短くなるので、患者は満足するはずがない
⑥治療法が固定化するので、医療の進歩の妨げとなる

（3）クリニカルパスのメリット

（1）患者のメリット

①入院中の治療予定がわかる
②入院中の対応の準備ができる
③退院の予定が立てられる
④初めての入院でも不安が解消される
⑤医師・ナースとの信頼関係が向上する
⑥患者の自己管理が向上する
⑦入院費用が事前に推測できる
⑧病院間の比較ができる（ようになる）

（2）医師のメリット

①計画性のある安定した標準的医療が提供できる

②ムダな指示が削減できる

③変動・異常を発見しやすく、異常に早期に対応できる

④医師の役割分担が明らかとなる

⑤うっかりミスが減る

⑥医療・看護の継続性が維持できる

⑦医師間の共同意識が強化される

⑧新人や学生の教育に利用できる

⑨種々のデータを整理しやすい

（3）看護師のメリット

①検査や処置の意義の理解が深まる

②異常の判断が以前よりできるようになる

③より積極的に、より自主的に診療に加わるようになる

④経験の浅い看護師でも標準的看護が可能となる

⑤医師、薬剤師、栄養士などと協調する姿勢が形成される

（4）メディカルスタッフのメリット

①幅広い医療情報が把握できる

②臨床現場に密接に関与できる

③患者とのコミュニケーションが充実する

④病院への勤務意識が向上する

⑤仕事への満足感・充実感が増す

（5）経営上のメリット

　クリニカルパス導入前後の比較では、平均在院日数が短縮し、1床当たり1日医療収入が増加する傾向にある。また、標準的医療の提供を可能にし、コスト削減、資源の節約、チーム医療としての関与度の向上などのメリットがある。

　なお、クリニカルパスの医療安全への寄与に関するエビデンスについては、R・トロブリッジらの報告では、以下のように要約される[9]。

　「いくつかの研究において、クリニカルパスを利用するとわずかながら合併症発症率が減少することが示唆されている。一方、在院日数やコストは減少するものの臨床アウトカムに変化はみられなかったという研究結果もある。クリニカルパスの患者安全への影響についてはほとんど情報がない」

---

[9]　今中雄一監訳『医療安全のエビデンス─患者を守る実践方策』p.429、医学書院、2005年

▌(4) クリニカルパスのデメリットと改善策

　前掲の小西らによれば、一般的にがん治療ではクリニカルパスのうえで、バリアンス(バラツキ)が多発する。このバリアンス分析によりがん治療の問題点が明らかになるので、クリニカルパスは医療ケア提供システムの問題点を見出すためのツールとして有効であると述べている。

(1) バリアンス分析のまとめ

①規則が多い検査システムが効率性を妨げている

②化学療法が在院日数の延長に影響している

③バリアンスの要因に「医師の指示」が多い

④患者側が十分に理解していないことがある

⑤バリアンスの患者は不安を感じている

(2) バリアンス分析による改善策

①オリエンテーションで十分に説明する

②バリアンスの場合には不安にならぬよう説明する

③当直などの当番医師の機能を有効にする

④手術日を決定してから入院日を決める

⑤全体をマネジメントする役割の医師が必要

5　バランスト・スコアカード(BSC)

　BSC(Balanced Score Card)が、コーポレート・レピュテーション資産へのマネジメントツールとして有効であることについては前述した。医療経営への適用について高橋らは、ヘルスケアの質の向上と戦略的病院経営のツールとしてまとめている[10]。

　BSCは、「財務の視点」「顧客の視点」「社内業務プロセスの視点」「学習と成長の視点」の４つの指標と、ビジョン・戦略とのバランスに基づく。BSCは、財務的業績評価指標および非財務的評価指標が、組織全体の全階層の職員に共通する情報システムとして機能しなくてはならない。したがって、医療最前線の医療スタッフにも、自分たちの意思決定と日々の医療サービス業務の結果を財務的に理解し、また医療組織経営管理者は長期的な財務的成功要因を理解し、戦略的フィードバック情報として役立てる。BSCの目標と業績評価指標は、財務的あるいは非財務的に関わらず、各部署のビジョンやミッション、戦略に基づきトップダウン方式で設定したものである。BSCの適用は、営利企業のみならず、公共セクターをはじめとする非営利組織の経営戦略にも拡大されている。

＊10　高橋淑郎編著『医療経営のバランスト・スコアカード』生産性出版、2004年

　ここでは、概論としてロバート・S・キャプランとデビット・P・ノートンの考案した原型を図4-18に示す[11]。

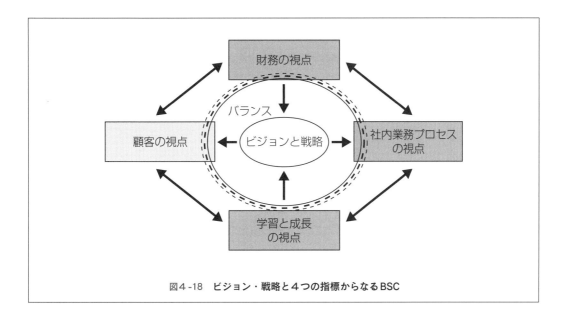

図4-18　ビジョン・戦略と4つの指標からなるBSC

＊11　ロバート・S・キャプラン、デビット・P・ノートン著、吉川武男訳『バランスト・スコアカード』生産性出版、1997年

5 ヘルスケア・マーケティング

1 医療経営とマーケティング

(1)マーケティングの定義

　医療システムは、法的規制や医療制度の枠組みの中で成り立っており、病院はそれを遵守している。病院経営は、科学的で分析的な戦略に基づいて行われているかどうかが基本になる。つまり、所与の医療システムの中で、①科学的なマーケティング戦略を展開すること、②地域ニーズや患者ニーズに合った医療サービスを開発すること、③質の高い医療サービスを地道に提供すること——が重要である。

　マーケティングとは、「個人および組織の目標を満足させる交換を創造するため、アイデア、財、サービスの概念形成(コンセプト)、価格、プロモーション、流通を計画・実行する過程である(営利事業のみならず、非営利事業の諸活動も含む)」(AMA：アメリカマーケティング協会、1985年)や、「ビジネスの中枢をなす哲学で、それによりすべての関係者に可能な限り最大の価値を生む交換を通じて、個人や組織の交流のニーズを明確にして、それを満たす過程を指揮すること」(WMA：世界マーケティング協会、1999年)などと定義されている。

　ピーター・F・ドラッカーは「マーケティングとは顧客の創造とその維持である」と述べ、フィリップ・コトラーは「個人やグループが製品や価値をつくり出し、それを交換することによって必要なものやほしいものを獲得するという社会的かつ経営的なプロセス」といっている。

(2)マーケティングの7P

　マーケティング活動は営利、非営利組織を問わず、市場分析の結果と更新による顕在需要を満たし、潜在需要を掘り起こす市場創造活動である。アメリカのマーケティング学者E・J・マッカーシーは、企業組織自らが統制可能なマーケティング構成要素あるいは変数を4つのPで表している。Product(製品またはサービス)・Price(価格)・Place(流通チャネル)・Promotion(プロモーション)の頭文字をとって「伝統的マーケティングの4P」と呼んでいる。さらにP・コトラーは、物的証拠(Physical evidence)・プロセス(Process)・

人(People)の3つのPを加えて、「マーケティングの7P」としている。

　物的証拠は、医療サービス組織におけるサービスそのものは無形財であるために、患者やクライアント(依頼者)、顧客が期待するサービスの質を測る補完的手がかりをいう。たとえば、建築物や施設設備、内装、環境に配慮された清潔な空間、駐車場等である。プロセスは仕事の手順で、簡単なものから複雑なものまである。単純骨折のレントゲン撮影手順はさほど複雑ではないが、狭心痛や腹痛、神経痛に関しては、診断や治療手順は医師によって異なる。人は、マーケティング、とりわけサービスマーケティングにおいて重要である。医療サービスの質は、医師や看護師などのメディカルスタッフをはじめ非メディカルスタッフの行動からも影響を受ける。

　ヘルスケア・マーケティングは、医療の質や患者満足、受診行動を把握するうえで重要な活動である(図4 -19)。

(3)ドナベディアンモデル

　ミシガン大学名誉教授A・ドナベディアンは医療の質に関して、①構造(Structure)、②過程(Process)、③結果(Outcome)──の3つの構成要素に分けて分析し、医療の質と患者満足度の関係をモデル化している。①構造は、医療サービスが提供される条件をいう。たとえば、施設や設備、医療機器などの物的資源のほか、医師、看護師をはじめ有資格者の質と配置人数などの人的資源や財政的資源、その医療経営組織構造などである。②過程は、主に専門職スタッフによる、医療サービスの提供過程をいう。受付から外来、診察、検査、診断、処方、治療、リハビリテーション、患者・家族への医療情報や疾病・健康管理教育プログラムの提供、患者・家族の医療への参画や医師・患者関係などであり、その

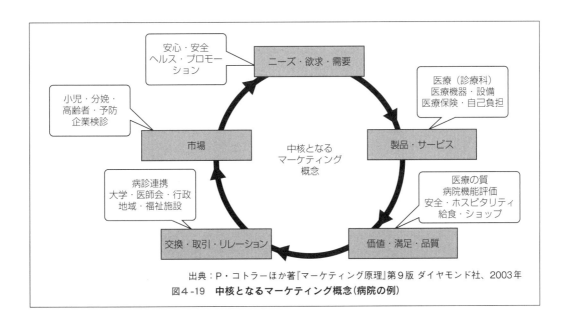

出典：P・コトラーほか著『マーケティング原理』第9版 ダイヤモンド社、2003年

図4 -19　中核となるマーケティング概念(病院の例)

適切性や妥当性が問われる。③結果は、医療サービス提供によってもたらされる結果をいう。端的にいうと医療の成果であり、死亡率や罹患率の減少、重症度の改善、合併症の発生率の減少や生活の質（QOL）の向上が指標となる。提供された医療サービスはその結果を、患者個人の症状の改善、患者や家族の健康（増進）に対する認識の変化と行動の変化、患者・家族の満足度などから多面的に検討する必要がある。

　ドナベディアンモデルは、医療サービスの質と患者満足度の関係のみならず、専門的サービスマーケティングにおいて重要な構造的アプローチモデルとして適用可能である。

2　マーケティング・コンセプトの変遷

　マーケティング・コンセプトは以下のように変遷している。患者中心の医療はすなわち顧客志向と同義であり、統合型マーケティング・コミュニケーション（IMC：Integrated Marketing Communications）戦略によって新たな医師と患者の関係が構築される必要性がある。

（1）生産志向

　需要が供給を上回っていた時代は、経営努力を生産に傾注することで、いかに生産性を高め効率的に製品をつくるかという、生産志向のマーケティング・コンセプトであった。かつてのようにパターナリズムが支配する医師・患者関係のもとでの医療サービス供給時代であれば、医療機関においてはこのコンセプトが中心的課題となる。

（2）販売志向

　標準化された製品を多量に生産することが可能になると、自社の技術を活かした製品をいかに市場で販売するかが主要な経営課題になる。いわゆるプロダクトアウトのマーケティング・コンセプトである。

（3）顧客志向

　自由な市場が成熟し製品の供給過剰で需要を上回る時代において必要とされるマーケティング・コンセプトである。ターゲットとする消費者（標的市場）のニーズをつかみ、それに合った製品やサービスの開発と提供が求められる。いわゆるマーケットインのマーケティング・コンセプトである。

　ナーバー教授（ワシントン大学）とスレーター准教授（コロラド大学）らは、企業の市場志向と新商品・サービス開発との関係について研究している。市場志向は新商品開発力の測定尺度を通じて、顧客志向と競争志向および職能横断的統合の3次元を検討している。

　顧客志向は、顧客のニーズによって技術開発を進め、顧客価値（満足）を高めようとする

志向である。現在はこの志向が中心になっているが、あまりにも新規性や革新性が高すぎると、顧客が新規性あるいは革新性の可能性を認知していないため、革新的な商品開発はむしろ阻害される場合があるという指摘もある。

競争志向は、競合他社に注意を払い他社への自社の優位性をベンチマークで測り、自社の位置づけと競合他社との関係を見定めながら新製品の開発を行おうとする志向であり、その開発はより革新的となる。

職能横断的統合とは事務系と技術系、医療組織でいえば医療系スタッフと非医療系スタッフが部門を越えてコミュニケーションを重視して、組織力を高めようとする志向である。このような部門間での異なる価値観の交流があれば、創造性は高まる。このスタイルが、既存の開発能力以上に成果を上げている。

■ (4)社会志向(ソーシャル・マーケティング志向)

営利組織、非営利組織(政府組織、NPO、学校、病院、美術館など)において、組織の利潤増大だけでなく、社会における公共の福祉のために社会的課題の解決への事業の貢献を考慮したマーケティング・コンセプトである。たとえば、地球環境問題、医療・福祉問題、少子高齢化対策、教育、芸術、コミュニティにおける人間関係資本の醸成など社会的課題と企業活動を関係づけて行うマーケティング志向をいう。

■ (5)P・コトラーによるマーケティングの進化

コトラーのマーケティング3.0のインパクトは非常に大きかったが、提示された「人間中心のマーケティング」というコンセプトは、IoT、AI、ビッグデータやスマートフォンによるソーシャル・メディアなどの情報社会の進化に伴い、さらに変化していく必要があった。マーケティング4.0は、現在のスマートフォン時代から近未来へ向かってその進化を示している[1]。マーケティング1.0から4.0の変遷を**表4-3**にまとめた。

3 サービス・マーケティング

マーケティング学者のジェームス・マッカーシーの統制可能な「伝統的マーケティングの4P」にP・コトラーは、物的証拠(Physical evidence)・プロセス(Process)・人(People)の3つのPを加えて、「マーケティングの7P」と呼んでいることは前述した。AMA(アメリカマーケティング協会)の定義にあるように、マーティングとは、単に物質的な製品のみならず、アイデアやサービスの概念形成(コンセプト)、価格、プロモーション、流通を計画・実行する過程である。医療サービスにも、このサービス・マーケティング志向が必

---

*1 フィリップ・コトラー他著、恩蔵直人監訳『コトラーのマーケティング4.0』朝日新聞出版、2017年

表4-3　フィリップ・コトラーによるマーケティングの進化

	マーケティング1.0	マーケティング2.0	マーケティング3.0	マーケティング4.0
目的	製品中心	顧客満足中心	世界をよりよい場所にする／ソーシャル	顧客の自己実現を目指す支援
生産とコミュニケーション技術	産業革命／大量生産	情報技術／顧客をつなぎとめる	ニューウェーブ技術（インターネット、SNS）	デジタルとフィジカルの融合／SDGs
市場の特徴	物的ニーズ（大衆消費者）	洗練された生活者	マインドとハートを持つ全人的存在／デジタルネイティブ	顧客の自己実現
企業のマーケティングコンセプト	製品開発	差別化	製品のイメージや価値、企業文化、	人間中心、カスタマージャーニー
企業のマーケティングガイドライン	製品の説明	企業と製品のポジショニング	企業のミッション、ビジョン、CSR	CSV、AI、IoT、ビッグデータ、SNS、スマートフォン
価値の共有	機能的価値／相対的価値	機能的価値／感情的価値	機能的価値／感情的価値／精神的価値	感性的価値／心的価値／絶対的価値
企業と市場の関係	1対多数	1対1	多数対多数	シェアリング

出典：フィリップ・コトラー他著『コトラーのマーケティング3.0』および『コトラーのマーケティング4.0』
（ともに朝日新聞出版）より筆者作成

須である。サービス・マーケティングと製品のマーケティングには共通点もあるが、基本的にサービスと製品という相違点がある。

　タクシー利用のサービスを例に考えてみよう。A地点からB地点へ車で移動する場合、我々はいくつかの方法をとることができる。車を買って自分で運転する方法、車を所有せずレンタカーを借りて自分で運転する方法、そしてタクシーに乗って移動する方法である。タクシーを利用する方法は、タクシー会社の移送サービスを購入し、その満足に対価を支払うことを意味する。弁護士や医師のサービスは専門性が高く、コトラーはこれらをプロフェッショナル・サービスと称し、その特性について述べている[2]。

　ここでは、医療サービスの例を取り上げ、その特性について述べる。医療サービスでは、顧客がサービス提供者と協働してサービスの提供過程に参加することで、顧客満足度も異なってくる。

　以下に、サービスの6つの特性を示す。

＊2　フィリップ・コトラー、トーマス・ヘイズ、ポール・ブルーム著、白井義男監修、平林祥訳『コトラーのプロフェッショナル・サービス・マーケティング』p.9-11、ピアソンエデュケーション、2002年

▌(1)無形性

　購入する前のサービスは見ることも、触れることも、嗅ぐことも、味わうこともできない。コトラーは美容整形の医療サービスを例にとって説明しているが、無形性は医療サービスすべてに当てはまる。患者は医療施設の外観・内装、医療設備、パンフレット、ホームページなどを手がかりとして活用する。

▌(2)不可分性

　サービス提供者とサービスは不分離である。医療サービス提供者である医師や看護師など医療スタッフの意識・容姿・言葉・態度などはもちろん、受付、会計担当、病院ボランティアなどの対応も、医療サービスの質に影響を及ぼす。

▌(3)変動性

　不可分性のために、サービス提供者の質が常時一定であるとは限らない。医師の提供する医療技術によっても、患者と医療サービス提供者の関係によっても、患者満足度は変動する。手術成功率や疾病の治癒率は統計的に数値化が可能であるが、そうした診療を除く個々の患者に対しての医療サービスは質的にも量的にもバラツキが生じる。

▌(4)消滅性

　いったん提供されたサービスは返品できない。また、時間をおいて利用することは不可能である。安定したサービスは、需要が一定していれば質の担保は比較的容易かもしれないが、現実的ではない。たとえば、インフルエンザの大流行や発症の季節性など、医療サービスの需要は一定とはいえない。予約診療においてその予約時間に患者が受診しなかったり、何らかの理由で医師が不在であったりする場合、その医療サービスは消滅する。つまり、医療サービスはその時間と場所、その医師と患者にのみ存在し、提供者の１回１回の「行為」そのものである。シミュレーション手法は、多くのサービス提供分野でさまざまなリスク管理に有用である。その意味でサービス・マーケティング戦略上、リスクマネジメントは重要である。この消滅性という特徴が、医師と患者の信頼関係を損ね、その回復を困難にしている。

▌(5)同時性

　製品は購入前に見たり、手に取ったり、あるいは試用したりすることが可能である。しかし、サービスは生産と販売が同時に行われるため、事前に質の評価ができないまま購入することになる。コトラーは、スキーでの膝関節の負傷の治療を例に挙げている。患者にとって、手術と温存的治療のどちらを選択すべきか判断がつかない。その治療法は医師が

決定することになる。プロフェッショナル・サービスには、特徴的な情報の非対称性があるからである。そこで、インフォームド・コンセントやインフォームド・デシジョン、セカンドオピニオン制度の導入によって、患者の医療への参画を図り、治療法決定への関与を強める。これは、患者・医師関係の質や医療サービスの質を向上させ、リスクマネジメントとしての機能も担う。

▌(6)共同性

サービスについて、顧客もその提供プロセスに参加する。患者は医師との関係の中で、医師やメディカルスタッフが医療サービスを生産する時点から、医療サービスを受け取る全プロセスに参加する。そこで、全プロセスにおいて患者のニーズを絶え間なく吸収し、サービスの質に反映させ、質を担保したサービスを共同生産する必要がある。この意味で、医療サービスには共同性という特性がある。

4　マーケティング・コミュニケーション

マーケティングの概念は1956(昭和31)年頃、アメリカから日本にもたらされ、日本の高度経済成長を支えてきたといっても過言ではない。前述したように、企業組織自らが統制可能なマーケティング構成要素は、J・マッカーシーのProduct(製品またはサービス)・Price(価格)・Place(流通チャネル)・Promotion(プロモーション)、つまり「伝統的マーケティングの4P」に、P・コトラーの物的証拠(Physical evidence)・プロセス(Process)・人(People)の3つのPを加えて、「マーケティングの7P」と呼ばれている。清水[3]は高度経済成長時代のマーケティングを促進マーケティング(Pro-marketing)と位置づけたが、1970年代の公害の社会問題の表面化とコンシューマリズムの台頭に伴い、企業の優位性を示していた経済成長時代から低成長時代へ、すなわち共生マーケティング(Com-marketing)の時代へ移行したと指摘している。つまり、PからCへとフレームワークが変化したことを意味している。

Cとは、7つの構成要素から成り立っている。それは①Company(ともにパンを食べる仲間)とCorporation(企業および非営利組織)、②Consumer(消費者・生活者)、③Commodity(ともに便利な商品)、④Cost(マーケティング・コストや商品価格、生活者の商品購入にかかるトータルコスト)、⑤Communication(意思疎通)とConsent(納得)、⑥Chanel(流通経路)、⑦Circumstanced(統制不可能な外部環境要因)──の7つのCであり、それらを重視することによってConfidence(信頼)を得て、顧客満足度を高め、低成長時代を生き残ろうとしている。

＊3　清水公一編著『マーケティング・コミュニケーション』p.10、五絃舎、2009年

　近年、統合型マーケティング・コミュニケーション（IMC：Integrated Marketing Communication）が注目を浴びている。IMCは、顧客と見込み客に対する説得的コミュニケーションのさまざまな形態を開発し、実践する過程である[*4]。1989年、米国広告代理業協会（4 A's：the American Association of Advertising Agencies）はIMCについて、「各種コミュニケーションの学問研究の戦略的役割を評価する包括的計画の付加価値を認めるマーケティング・コミュニケーション計画のコンセプト──たとえば、一般広告、ダイレクト・レスポンス、販売促進、PRおよびこれらの諸研究を組み合わせ、そして明晰かつ一貫性のある、コミュニケーションの最大インパクトが得られるようにする」ことと定義している。

　ノースウエスタン大学のメディル・スクール・グループは、IMCの定義の面でより消費者志向を強く打ち出している。

　IMCと従来型コミュニケーションミックスの比較を**表4‑4**に示す。

　現在はすべての事業組織にとって、消費者・生活者・顧客をはじめとするすべてのステークホルダーと、いかにコミュニケーションの質を向上させ顧客満足を醸成するかが成功への鍵となっている。

表4‑4　**IMCと従来型コミュニケーションミックスの比較**

	IMC	従来型コミュニケーションミックス
最終ゴール	すべてのコミュニケーションの統合	マスメディアの統合
コミュニケーションの範囲	インナーや投資家など、あらゆるステークホルダーへのコミュニケーション	マーケティングコミュニケーション、特にマスメディアを重視
目標	コミュニケーション全体の最適性	単一メディアごとの部分最適性
重視すべき効果	行動喚起を重視	各メディアにより重視する効果が異なる
メディアのシナジー効果について	コミュニケーション間のシナジー効果を重視	シナジー効果よりは単独メディアの効果を重視
消費者行動との対応	消費者行動の全過程への注目、また各段階の文脈を重視	消費者行動の特定の段階（認知段階、態度形成）に注目
消費者の経験のとらえ方	消費者の経験を重要なコミュニケーションと考える	消費者の経験はコミュニケーションの効果ととらえる

出典：亀井昭宏・疋田聡編「新広告論」、鈴木宏衛、第8章広告マネジメントの新展開、日経広告研究所、2004年

[*4]　ラリー・パーシー著、小林太三郎監訳『実践・IMC戦略』p.6、日経広告研究所、1999年

5　ソーシャル・マーケティング

(1)社会的課題とCSR、SRI

　ソーシャル・マーケティング(Social Marketing)とは、営利・非営利の事業体が社会的課題の解決を目的に行動改革キャンペーンを企画・実行するために、マーケティング戦略の基本的手法を活用した活動である。社会的課題とは、①地域の健康(たとえば、生活習慣病予防、禁煙、エイズの撲滅、口腔衛生、乳がんの早期発見、予防接種、薬物依存対策など)、②安全(たとえば、交通安全、自殺防止、犯罪防止、自然災害対策、火災予防など)、③教育(たとえば、識字教育、食育、特別支援教育、公共マナー教育など)、④雇用(たとえば、職業訓練、ニート対策、障害者雇用など)、⑤環境(たとえば、エネルギー、地球温暖化対策、リサイクル、有害化学物質廃絶、医療廃棄物処理など)、⑥経済(たとえば、貧困、ローン対策など)、⑦基本的生活(たとえば、飢餓対策、国際貢献、ボランティア、ホームレス、動物虐待、いじめ対策、人権擁護など)──などである。

　地域社会をより豊かで暮らしやすくするために、このような課題に対して企業が法的強制によらず、自主的かつ自らの企業資源を提供しながら、事業活動を通して深く関与することを、企業の社会的責任(CSR：Corporate Social Responsibility)といい、こうした企業に一般市民が投資することを社会的責任投資(SRI:Social Responsible Investment)という。特に21世紀に入って、環境問題、社会問題、社会の持続可能性に関する報告書を発行する企業が増えている。報告書は最高経営責任者(CEO)からのメッセージに始まり、その企業組織の事業評価と社会的行動の倫理性・透明性のバランスが保たれているか、その理念と実行のプロセス、そして結果を掲載している。

　P・コトラーとN・リーによれば、「ここ30年間で、ソーシャル・マーケティング活動の主流は公衆衛生改善(たとえば、HIV／エイズ予防)への取り組みから公共の安全(たとえば、シートベルトの着用)、そして最近では環境保全(たとえば、水資源確保)や地域社会への関わり(たとえば、献血、臓器提供、骨髄移植)へと広がりをみせている」と述べている[5]。

(2)ソーシャル・マーケティングの成功事例

　ソーシャル・マーケティングの成功は、企業のブランド・ポジショニングを確立し、増収益につながるのみならず、社会的行動改革に強いインパクトを与えることがある。その代表例として2つ挙げる。

---

[5]　P・コトラー、N・リー著、恩蔵直人監訳『社会的責任のマーケティング』p.133、東洋経済新報社、2007年

（1）心臓病予防とサブウェイ

アメリカのサンドイッチチェーンのサブウェイは、健康的で便利なファストフードを提供することを理念としている。2003年に、アメリカ心臓病協会が主催する全米750以上の市町村で展開される5km歩行キャンペーン「アメリカ・ハート・ウォーク」の全国スポンサーとなり、その主旨を記した店舗用紙ナプキンを用意し、運動の効用とその始め方や習慣づけのヒントを盛り込んだ「栄養とダイエットのためのガイド」を店舗カウンターに配置した。これは、アメリカ心臓病協会、ノースカロライナ州心臓病・心臓発作予防推進委員会、アメリカ疾病管理・予防センターとサブウェイの協働（パートナーシップ）によるキャンペーンである[6]。

（2）乳幼児突然死症候群（SIDS:Sudden infant death syndrome）とパンパース

アメリカ小児保健発育研究所（NICS：National Institute of Child Health and Human Development）が1994年に「仰向けに寝かせよう」キャンペーンを始めると、それまで北米における12か月までの乳幼児死因のトップだったSIDSの発症率が50%以上低下した。病院内で使用される紙おむつのナンバーワンブランドとして知られるパンパースを製造・販売するアメリカのP&G（プロクター・アンド・ギャンブル）社は、1999年にこのキャンペーンに参加した。乳児用紙おむつの装着スリップにキャンペーンタグを印刷して、両親や保育士に乳幼児の安全を意識させるようにした。カナダでは、主要病院を通じて新しく母親になった人たちに乳幼児の安全教育用パンフレットを配布。広告キャンペーンを通じてSIDSの認知を呼びかけた[7]。

▎（3）ソーシャル・マーケティングの活用

近年、イギリスの医療政策において、医療ニーズの変化を反映してソーシャル・マーケティングの活用が新しい段階を迎えている（表4-5）。

二次および一次医療と介護を中心とする福祉の役割分担の明確化や緊密な連携を図るには、医療・福祉サービスの利害共有者の意識改革が必須要件となる。これを実現するために、イギリス保健省とNHS（National Health Service：国民保健サービス）が科学的な視点から戦略的に推進しているのがソーシャル・マーケティング（Social Marketing）である。健康に対する意識改革を起こす仕掛けは、ヘルスケア・ソーシャルケア（介護等を中心とする福祉サービス）を公的制度で行っているイギリスと、民間保険と公的保険が役割分担を行っているアメリカの違いにより生まれてきたものと推定される。これを理解するには、イギリスがソーシャル・マーケティング機能の見直し・再定義化を行う理由を把握する必要がある（表4-6）。その要点は以下のとおりである[8]。

---

[6] 前掲5 p.138
[7] 前掲5 p.139-140　http://www.nichd.nih.gov/
[8] 吉長成恭、森下正之「英国医療に見るヘルスケアの変革期におけるソーシャル・マーケティングの重要性」『最新医療経営 Phase 3』April No.308、p.29-31、日本医療企画、2010年

表4-5　医療の変化

これまで	これから
個人が対象	地域が対象
病気の治療	健康の維持
病気の時だけ	継続的・包括的
個人的アプローチ、プライマリ・ケア、医師の個人的取り組み	包括的で地域に基盤を置いたプライマリ・ケアチームによる取り組み
パターナリズム	患者の可能性を引き出すような患者と医療者の話し合いによる決定
入院患者対象	在宅ケア、デイケア、中間施設でのケア
経験による	根拠(エビデンス)に基づく

出典：Jones R.et al, "Changing face of medical curricula." The Lancet, 357(9257), 2001, pp.699-703、島津望著『医療の質と患者満足－サービスマーケティング・アプローチ』p.5、千倉書房、2005年

表4-6　マーケティングとソーシャル・マーケティング

営利事業のマーケティング Commercial Marketing	項目	社会的マーケティング Social Marketing
売上、利益、株主価値の向上	主目的	社会的に好ましい特性の達成
投資と利益から資金を得る	活動資金	公共資金(税と寄付)
私的説明責任(例：株主、取締役)	説明責任	公的説明責任
利益と市場価値に基づく尺度	活動評価基準	複雑で長期的な尺度
しばしば明確に定義され、より強い短期尺度でより直近の目標	行動目標	長期的に持続するよう行動を伴う、共通的目標より複雑な挑戦的目標
より明確に定義された商品やサービスでマーケティングすることは複雑ではない	提供される商品・サービス	通常複雑で挑戦的。理論争的行動への是正努力を向けることに絞った商品やサービス
通常アプローチが容易である客層や目的	対象と目標	通常挑戦的なリスクの高い目標や客層
営利風土で、リスクをとることが明らかなカルチャー・風土・分化	カルチャー・風土	公共性の風土、リスク回避の風土・カルチャー
階層内的意思決定を広範囲に想定	意思決定	参加型意思決定を重要視
通常は競争的人間関係	関係性	信頼の構築に基づく人間関係

出典：イギリス保健省"what is social marketing" 2007年7月

(1)ヘルスケア・マーケティングの導入

　NHSは、1990年代のメージャー政権下で民間活力の導入という観点からPFI政策をとった。医療・福祉分野でもPFIによる急性期病院の建設を試み、第1号病院の建設はブレア政権下で実現した。NHSは、これを民営化とは一線を画するもので、税金で医療サービスを国民に無料で提供する仕組みは温存・強化されたと強調した。アメリカ生まれのヘルスケア・マーケティングの考え方は商業主義、利益優先等を示唆する可能性も高く、イギリスの厚生分野では肯定的に受け入れられなかった。

(2)意識改革

　アメリカでは1970年代に非営利組織等の活動のためにソーシャル・マーケティングが創案・導入され、80年代に発達したが、広範囲に本格的に導入されたのはイギリスであった。厚生分野を中心に利害共有者の意識改革を意図し、2007年から、進化・改革されたソーシャル・マーケティングの概念の本格的な導入が始まっている。ソーシャル・マーケティングの概念は、年齢や人種・性別・階級等による差別を禁止する法的制約を克服し、プライマリ・ケアおよびソーシャル・ケアの重要性をサービス利用者である一般消費者に啓発することで、サービス提供者である医療・福祉関係者の意識を改革することも意図している。

(3)介入

　ソーシャル・マーケティングの本質についてイギリス保健省は、「一般人(市民・国民)を政策、コミュニケーション、提供サービスの中心に置き、行動の変化を奨励することである」とNHS"What is Social Marketing"(2008年7月)の冒頭で記述しており、基本的な考えとして「単に人々に情報を提供し、健康的であるように求めるだけでは十分ではないと認識する」ことを示している。「なぜ人はそのように行動するのかを(住民本人が)理解し、彼ら(生活者)は人生をどのように生きるかの選択において最善の手助けする方法を把握することが必要」と指摘し、ソーシャル・マーケティングについて「マーケティングの概念と技法をシステム的に適用し、社会善(たとえば、子どもの健康では過食症の予防・治療等)に関する特定の行動目標を達成する」ことと再定義化している。ソーシャル・マーケティングは介入手段の一種でもあり、ほかの介入手段(組織的変更、政策影響力、コミュニケーション、地域社会的動員、メディアの賛意、教育、評価基準設定と指針、立法と規制)との組み合わせ (intervention mix) を戦略的に提示することも重要な役割であるとしている。

(4)イギリスにおけるソーシャル・マーケティングの要素

　イギリス保健省は、ソーシャル・マーケティングの主要定義には以下の3要素が含まれるとしている。

①短期、中期、長期の課題に段階的に取り組むことが可能なシステム的工程からなる。

②通常のマーケティング概念と技法(マーケティング・ミックスを含む)を活用している。

③標的(たとえば、ヘルス関係のソーシャル・マーケティングでは健康を改善し、健康の不平等を削減すること)を明確化し、特定の行動目的に照準が合わされている。なお、この必須要件は顧客調査・消費者調査で、EBMといえることが明らかになっている。このスタンスが、医療機関で幅広く受け入れられる要因であるとされている。

(5)ソーシャル・マーケティングの便益

ソーシャル・マーケティングの主な便益としては、以下の4点を挙げている。

①自発的行動の変化：人々は自分の行動変更による利益・便益を認識し、その変更の選択を強制ではない自発的意思に任される場合、比較的行動を変える傾向にある。

②多面的アプローチ：単一介入よりも多面的な組み合わせ介入のほうが効果がある。

③より改善した受信：IMCの考え方を基に、伝えたい内容は対象の人々が受け取ることを望む方法で、目的の情報と内容を適合化する。

④仲介者やパートナーの活用：信頼を築く。人々は行政の伝達内容を信頼していない場合が多いからである。

⑥ ファイナンスと会計

　医療機関におけるファイナンスの課題としては、株式会社の新規参入や医療機関の株式保有が認められていないことなどが挙げられる。しかし、1999（平成11）年に施行された議員立法であるPFI法による民間セクターからの公共サービス調達は、行財政改革の顕著な手法であり、国際的な潮流でもある。これに伴い官製市場の民間開放が推進され、医療市場の構造に関して抜本的改革の機運が高まった。

1　直接金融と間接金融＊1

　医療の経営主体にはさまざまな種類があり、非営利性に差があるものや税の優遇措置の有無、私有財産を持分として残しているものと放棄したものなど、多様である。また、医療法人は民法上の法人であるため、出資分に応じた議決権はない。一般に医療法人への出資は個人出資のため、資金調達は銀行からの間接金融に限定されている。例外として病院債の発行も不可能ではないが、制度上は現実的ではない。現在、医療機関は本質的に非営利であるという大前提から、医療機関の資金調達は①独立行政法人福祉医療機構などの公的機関からの借入、②金融機関からの借入、③補助金、④医療法人への通常の出資——などに限られる。金融機関からの借入は医療機関の返済能力に基づく融資決定であり、医療の質とは無縁である。最近になって、出資額限度法人や病院債の発行など医療機関経営の多様化の兆候が見られる。

　今後は、少なくとも医療法人の株式会社化や病院債の発行基準の緩和、診療報酬の債権流動化、PFIの普及などにより医療制度の抜本的な検討と改革が望まれる。

2　医療機関の会計基準

　2004（平成16）年8月に新病院会計準則が通知された。その特徴は、①企業会計の基準が取り入れられた、②すべての病院経営主体（私立大学病院や自治体立病院等にも）に適用が求められ、医療法人は原則として新病院会計準則を利用する、③異なる経営主体間での

＊1　八代尚宏編『「官製市場」改革』p.113-114、日本経済新聞社、2005年

経営内容の比較が可能になった、④複数の病院を経営する医療法人は病院ごとに財務諸表を作成する必要があり、施設間取引の調整と透明化が求められる、⑤キャッシュ・フロー計算書が導入された——ことなどである。

　前述したように、第7次医療法改正（2015年）では、地域医療連携推進法人制度の創設と医療法人制度の見直しが行われた。このうち、医療法人制度の見直しに関する改正では、一定規模以上の医療法人に会計基準の適用と公認会計士・監査法人による外部監査の義務づけがなされた。対象となる医療法人は以下である。

①最終会計年度に係る貸借対照表の負債の部に計上した額の合計額が50億円以上または最終会計年度に係る損益計算書の事業収益の部に計上した額の合計額が70億円以上である医療法人

②最終会計年度に係る貸借対照表の負債の部に計上した額の合計額が20億円以上または最終会計年度に係る損益計算書の事業収益の部に計上した額の合計額が10億円以上である社会医療法人

③社会医療法人債発行法人である社会医療法人

　会計基準の適用や外部監査は、医療法人の経営の透明性を確保するために義務づけられたもので、2014（平成26）年に四病院団体協議会（一般社団法人日本医療法人協会、公益社団法人日本精神科病院協会、一般社団法人日本病院会、公益社団法人全日本病院協会）が作成した「医療法人会計基準」がベースになっている。

3　　財務会計と管理会計

　財務会計には、貸借対照表（バランス・シート：B/S：Balance Sheet）、損益計算書（P/L：Profit Loss）、キャッシュ・フロー計算書（CF：Cash Flow）とそれぞれの内容に関する重要事項を補足する目的で、純資産明細表、固定資産明細表、貸付金明細表、借入金明細表、引当金明細表、補助金明細表資産につき設定している担保権の明細表、給与費明細表、本部費明細表の9種類の附属明細表がある。

　管理会計は組織の経済活動を記述するものであり、プロフィットセンター（収益部門）とコストセンター（コスト部門）の関係、診療科別や外来・病棟など部門別の収支状況の把握、さらに意思決定ツールとして有効である。たとえば、診療科別収支は管理会計の結果として医療機関外への報告義務はなく、特定の管理会計手法を義務づけられてはいない。

　そのほか、前述したBSCやベンチマーク（benchmark）など、外部環境との比較や過去の業績との比較を可能にすることで、経営の意思決定に資するツール開発が進んでおり、これらを積極的に活用すべきである。

⑦ 人事管理

　医療機関における人的資源の特徴としては、多職種の有資格者について制度が要求する人数を確保する必要があることが挙げられる。したがって、経営資源としてヒトは大変重要な要素である。

　医療機関として掲げた理念を共有し、経営戦略と目標を達成するための人材の適材適所は、人事管理の第一義的な目的である。

1　人事考課とキャリアパス

　スタッフの従業員満足度(ES)については前述した。自立したヒトが医療機関の中で職務満足を得ることは、患者中心の医療サービス提供者の一員として自尊心を維持して業務を続けることである。給与や報酬、褒章など外発的なインセンティブ設計が大事であると同時に、教育など学習する組織文化があり、組織全体で多様化する労働体系や価値観を共有するなど内発的な動機づけが従業員満足度を上げることになる。

　人事管理の3要素は業績評価、キャリアパス、人材育成(継続的な専門職能開発プログラム)である。

　スタッフの人事考課のためには、業績評価システムとキャリアパスを組織の中に確立しておく必要がある。業績評価は①能力、②実績、③意欲——の観点から、設定された水準との比較によって行われる。より民主主義的組織ならば、評価は自己評価、仲間の評価、上司の評価、社会的評価などバイアス(傾斜)の補正効果を得ながら行うであろう。組織の大小によっても人事考課のシステムは異なってくる。

　労働市場の流動化は顕著になり、正規職員、派遣職員、パートタイマーなど、雇用形態もさまざまである。医療機関の医師は正規雇用に関わらず、キャリアパスのフォーマットは出身大学の医局にある場合が多い。そのような状況下でも、医療機関は学習する組織であることが大事であり、それによって優秀な人材を採用できる可能性が大きくなる。

　人材育成は、それぞれの部署や職階に応じてプログラムが用意されていなければならない。人材育成の基本形態には、①オン・ザ・ジョブトレーニング(OJT：on the job training)、②オフ・ザ・ジョブトレーニング(Off-JT：off the job training)、③自己啓発——がある。

　医療機関には多種多様の専門職域があるが、以下にはイギリスの医師と看護師の評価育成についてトピックスを紹介する。

2　医師の免許更新（Revalidation）[1]

　医師の質の管理について、イギリス政府は2008年7月に医師免許更新制度（Revalidation）導入計画案を公表した。イギリス医療委員会（HC：Health Commission）にとっては、医師規制の大きな取り組みである。15万人の医師のうち、ミスを繰り返すリピーター医師の処分を目的に、毎年、医療技術はもとより酒癖等、医師としての資質を5年分の総合評価で問うものである。この医師免許更新制度と継続的な専門職能開発（CPD）および医療評価は、医師の臨床業務のクリニカルガバナンスを基盤にした相互関係にある[2]。

3　看護師のキャリアパス

　イギリスの看護師の診療行為における業務権限の拡大においては、GPN（General Practice Nurse：一般診療看護師）をはじめとする看護師のキャリアパスの枠組みが明示されている。一般診療看護師が一般診療において必要な知識や技術は、看護師および助産師協会やNHSなど各種専門職組織が協働して教育することで、その質が保証されている。具体的には、全国職能資格（NVQ：National Vocational Qualifications）や自己の学習歴と最終学歴などを総合して、9段階のキャリアパスが用意されている。卒後、看護師としての仕事に就いた時点からヘルスケア・アシスタント、GPNと進み、もっとも上位である9段階目のナースパートナーにはリーダーシップ、マネジメントや事業戦略立案、教育的な資質が要求される。このキャリアパスは、継続的な専門職能開発（CPD）プログラムに基づいて自発的に学習する文化で裏打ちされている。

＊1　Ruth Cambers, Gill Wakley & Phil Bright "REVALIDATION" Radcliffe Publishing 2008
＊2　Tim van Zwanenberg and Jamie Harrison "Clinical Governance in Primary Care" 2nd edition Radcliffe, 2004, p184

8 情報システム（ICT）

ICT（Information and Communication Technology）とは情報やコミュニケーション技術の総称で、ネットワーク通信により知財やデータを適切に他者に伝達するための技術として医療機関に欠くことのできないものとなっている。ICTによって医療サービス提供システムや医療の質、経営の質などの革新と向上が期待されており、たとえばバーコード（Bar Cording）は患者誤認防止手段として活用されている。また、バーコード利用で検査室、放射線科、薬局、診療管理部門での情報を一括管理することができ、業務が迅速に行えるようになったという報告や、バーコードを用いた投薬内容などの患者管理で薬剤に関するエラーが減少したという報告がある[1]。

医療機関においてICTは、①POS（Point of Sale）：バーコードなど、②SCM（Supply Chain Management）：SPD（物品管理）、③広報広告担当（Chief Information Officer）、④ERP（Enterprise Resource Planning）パッケージ：会計、生産、販売、人事、業務、品質、マーティング管理などの情報処理システムの統合したパッケージ、⑤電子カルテ、DPCでのコーディングと管理会計でのパス構築、⑥ASP（Application Service Provider）：診療報酬請求システム、ケアプラン作成、⑦医用機器、特に画像診断支援（CAD：Computer Aided-Diagnosis）、320列ADCT（Area-Detector CT）、PACS（Picture Archiving and Communication Systems：画像保存通信システム）――で用いられている。

1 保健医療情報のネットワーク化

地域医療構想の実現に向けて、今後も少子高齢化や医療人材不足、医療従事者の働き方改革といった社会課題への対応が必要となっている。2040（令和22）年を目指した医療提供体制の展望では、地域医療連携の実現を支えるために、保健医療情報のネットワーク化がヘルスケアにおける重要な社会基盤となる。

地域包括ケアでは、多職種連携によるチームケアのみならず、健康な人の層、虚弱（フレイル）層、要支援者層、要介護者層、要医療層など地域で暮らす対象者層に合わせたサー

---

[1] 今中雄一監訳『医療安全のエビデンス―患者を守る実践方策』p.357、医学書院、2005年

ビスやシステムの統合が求められる。2006（平成17）年度介護保険制度改正により地域支援事業が創設されたことを契機として、健康増進、生活習慣病の重症化予防、介護予防等における健康・医療・介護情報のプラットフォームの設計が各地で展開されている[*2]。

　情報のデジタル化は情報のパーソナル化を促進する。したがって、個人情報に関するセキュリティを確保する必要がある。"電子カルテは誰のもの？"という原初に立った懐疑的発想は、個人情報の保護を目的とした技術や法制度の整備を加速させ、健康・医療・福祉情報の共有化を促進する。セルフケアにおけるパーソナル・ヘルス・レコード（PHR：Personal Health Record）が生活習慣に浸透すれば、電子カルテの医療情報と相乗効果をもたらす。結果として、医療サービスの質の向上や地域における医療・介護の総合的な確保の実現、医療の効率化、医療費の適正化（Value Based Payment）、医療業務のタスクシフティングやシェアリング、医療経営の健全化、ひいては医療研究やヘルスケア産業分野の発展などへ貢献すると考えられる。

　こうした背景により、医療・介護現場における情報連携の推進が重点的に進められ、全国的な医療情報ネットワークの実証事業から、電子カルテ情報の標準化の促進が求められ

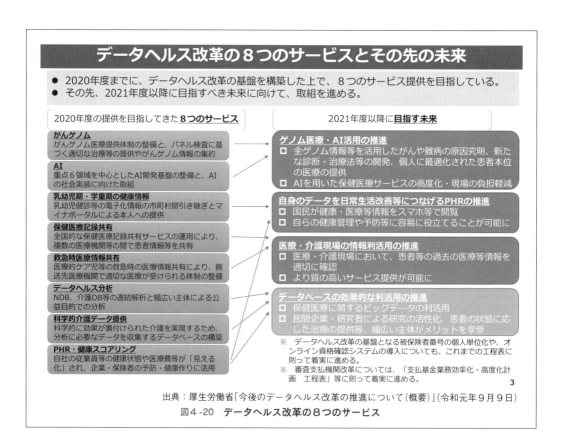

出典：厚生労働省「今後のデータヘルス改革の推進について（概要）」（令和元年9月9日）

図4-20　データヘルス改革の8つのサービス

[*2]　村井純監修、秋山美紀ほか著『医療データの活用と未来　価値創造の健康情報プラットフォーム』慶應義塾大学出版会、2016年

保健医療記録として共有するデータ項目のイメージ（案）

	通常診療時の情報（現状）	保健医療記録（案）	救急時に共有する医療情報（案）
基本情報（変更時に更新）	・氏名、性別、生年月日 ・保険情報 　審査支払機関情報、保険者情報、被保険者情報 ・公費に関する情報 　区分・公費・負担割合・課税所得区分など ・医療機関・薬局情報 　カルテ番号、調剤録番号、診療・調剤年月、 　保険医氏名、麻薬免許番号	・氏名、性別、生年月日 ・保険情報 　審査支払機関情報、保険者情報、被保険者情報 ・公費に関する情報 　区分・公費・負担割合・課税所得区分など ・医療機関・薬局情報 　カルテ番号、調剤録番号、診療・調剤年月、 　保険医氏名、麻薬免許番号	・氏名、性別、生年月日 ・保険情報 　審査支払機関情報、保険者情報、被保険者情報 ・公費に関する情報 　区分・公費・負担割合・課税所得区分など ・受診医療機関・薬局情報（年月別） ・最終受診医療機関・薬局情報（場合により複数） 　カルテ番号、調剤録番号
診療行為関連情報（診療の都度発生）	・診療行為に対応する傷病名情報 ・診療行為の内容に関する情報 　診療実施年月日、診療内容、検査、処置、 　処方、手術、麻酔、輸血、移植など情報、 　入退院（入院日、退院日）、食事、 　使用された特定機材、リハビリ情報 ・DPC病院入院関連情報 　入院情報（病棟移動、予定・緊急入院）、 　前回退院年月、入院時年齢、出生時体重、 　JCS（意識障害）、Burn Index、重症度 ・症状に関する情報	・診療行為に対応する傷病名情報 ・診療行為の内容に関する情報 　診療実施年月日、診療内容、検査、処置、 　処方、手術、麻酔、輸血、移植など情報、 　入退院（入院日、退院日）、食事、 　使用された特定機材、リハビリ情報 ・DPC病院入院関連情報 　入院情報（病棟移動、予定・緊急入院）、 　前回退院年月、入院時年齢、出生時体重、 　JCS（意識障害）、Burn Index、重症度 ・症状に関する情報	・病歴情報 　主傷病名と受診医療機関リスト（受診年月） ・手術関連情報、麻酔歴、輸血歴 ・検査関連情報 ・薬剤情報 　服薬中薬剤情報（必要なら過去の利用履歴） ・材料関連情報・特定材料使用歴 ・処方せん内容 ・症状に関する情報 　関連する疾患、材料に対応
レポート等	・DPCデータ ・検査結果（血算・生化・生理 など） ・画像、画像診断レポート ・病理レポート ・看護サマリ ・退院時サマリ ・診療情報提供書 ・健診情報	・DPCデータ ・退院時サマリ ・診療情報提供書 ・特定健診情報 ※ データの収集元や保管方法を含め、精査中	

出典：厚生労働省「全国保健医療情報ネットワーク・保健医療記録共有サービス関係参考資料」（平成30年4月19日）

図4-21　保健医療記録として共有するデータ項目

ている。保険医療分野においては、医療情報のデジタル化、標準化、共有・連携のネットワーク化、ビッグデータとAIの利活用によるイノベーションが進んでいる。

　国は、ICTを活用した健康管理・診療サービスの提供や健康・医療・介護領域のビッグデータを集約したプラットフォームの構築を目指し、「データヘルス改革」を推進している（図4-20）。同改革では、2020（令和2）年度までに8つのサービス提供を目指しているが、そのうちの1つである「保健医療記録共有」では、患者の健康診断や診療、処方情報などを全国の医療機関や介護施設などで共有できるようにするとしており、共有する項目とデータの標準化については、図4-21のような構想を示している。

　一般社団法人医療情報標準化推進協議会（HELICS協議会）は、医療情報の標準化ついて、患者への医療サービスの質向上はもとより、医療機関や行政機能の効率化・適性化、さらにはヘルスケア産業の高度化と経済成長へ寄与するとの展望を示している。

2　医療情報コミュニケーター（診療情報管理士、医療情報技師）

　医療機関でのICT活用、特に電子カルテの導入が促進されると、それに伴い専門性をもった人材が必要になる。総称して「医療情報コミュニケーター」という人材が提唱されている。そのひとつである「診療情報管理士」の受験資格を得るには、大学・専門学校等を卒業したのち（一社）日本病院会による通信教育を2年間受講する方法と、同会が診療情報管理士養成校として認定する大学・専門学校等で指定科目を修了する方法のふたつがある。診療情報管理士は民間資格であるが、2000（平成12）年4月に「診療録管理体制加算」が新設されたことにより、その必要性に対する意識が高まった。

　もうひとつの「医療情報技師」資格は日本医療情報学会が付与する民間資格で、同学会ではその認定試験事業を2003（平成15）年から開始している。医学・医療、情報処理技術、医療情報システムの3分野で構成されている。

　医療分野においてもICTは新しいビジネスモデルを創造し、新しい人材の創出に貢献している。一般的にIT化は形式知（デジタル知）優位の組織を形成し、暗黙知（アナログ知）を些少してしまう傾向にある[3]。そのため、コミュニケーションの量は確保できるが、その質の低下が今日的な社会的課題となっている。医療機関が患者中心に最高の質の医療をチームで提供するということであれば、ふたつの知価のバランスをとることがスタッフに求められる。組織のイノベーションのマネジメントでは、前述したRAIDモデルやBSCがこのバランスを包括した手法となっている。

＊3　野中郁次郎著『知的経営のすすめ　ナレッジ・マネジメントとその時代』筑摩書房、1999年

確認問題

> **問題 1**
>
> 第7次医療法改正（2015年）における医療法人の経営の透明性の確保およびガバナンスの強化に関する事項について、次の選択肢のうち誤っているものを1つ選べ。

〔選択肢〕

①厚生労働省令で定める会計基準の適用を義務づけた。

②公認会計士・監査法人による外部監査を義務づけた。

③医療安全に関する外部監査を義務づけた。

④役員と特殊な関係がある事業者との取引状況に関する報告書の作成を義務づけた。

⑤理事の忠実義務、任務懈怠時の損害賠償責任等を規定した。

解答 1　③

解説 1

①○：一定規模以上の医療法人に対して、義務づけている。

②○：一定規模以上の医療法人に対して、義務づけている。

③×：第8次医療法改正(2017年)において、特定機能病院に対して義務づけた。

④○：MS（メディカルサービス）法人を含む関係事業者との取引の透明化・適正化を目的に、基準が設けられている。

⑤○：その他、理事会の設置、役員の選任等に関する規定について、一般社団法人と教則を合わせて整備された。

第5章

近年の医療動向

1 地域医療構想と公的病院の再編・統合
2 医療のデジタル化と「Society 5.0」の実現

地域医療構想と公的病院の再編・統合

1　2040年を見据えた医療サービス提供体制の確立

　2060（令和42）年の日本の人口は9,000万人にまで減少し、高齢化率は40％に近い水準となると推計されている。高齢化はすでに人口減少化にある地方都市に加え、首都圏をはじめとする都市部においても進展している。2025（令和7）年までの全国の65歳以上人口増加数を都道府県別に見ると、東京都、大阪府、神奈川県、埼玉県、愛知県、千葉県、北海道、兵庫県、福岡県の9都道府県で、全体の約60％を占める。

　医療サービス提供体制の改革は、2025年問題を前提に地域医療構想の青写真で、その実現に取り組んできたが、今後は、首都圏においても高齢者人口の増加が顕著となる2040（令和22）年を見据えた医療サービス提供体制の確立が必要となる。具体的には、医療資源の配置の最適化や生産年齢人口の減少に伴う医療人材の不足に向けた対応、医療従事者の働き方改革といった新たな課題の解決が求められる。

（1）医療資源の配置の最適化

　患者がどこにいても必要な医療を最適な形で受けるためには、限られた医療資源（医療従事者、病床、医療機器）の配置を最適化する必要がある。そのため、医療計画には「地域医療構想」「医師確保計画」が盛り込まれ、各都道府県では総合的な医療提供体制改革を目指している。また、かかりつけ医が役割を発揮するためには、地域医療連携のさらなる推進や適切なオンライン診療の実施が求められる。

（2）医師・医療従事者の働き方改革

　より質が高く安全で効率的な医療へ向かうためには、医師・医療従事者の働き方改革の実現が不可欠である。①人員配置の最適化やICT等の技術を活用したチーム医療の推進と業務の効率化、②医療の質や安全の確保に資する医療従事者の健康確保や負担軽減、③業務の移管や共同化（タスク・シフティング、タスク・シェアリング）の浸透が求められる。

2　公的病院の再編・統合の方向性

　総務省が2007（平成19）年12月に策定した「公立病院改革ガイドライン」に基づく再編成・ネットワーク化の取り組みにより、2008（平成20）年に943あった公立病院数は2013（平成25）年には51減の892となった。さらに、2015（平成27）年3月の「新公立病院改革ガイドライン」では、①地域医療構想を踏まえた役割の明確化（病床機能、地域包括ケア構想等を明確化、②経営の効率化（経常収支等の数値目標を設定）、③再編・ネットワーク化（経営主体の統合・病院機能の再編を推進）、④経営形態の見直し（地方独立行政法人化等を推進）の4つの柱で改革が推進されてきた。

　また、「新公立病院改革ガイドライン」の策定対象となっていない公的医療機関（共済組合、健康保険組合、国民健康保険組合、地域医療機能推進機構、国立病院機構及び労働者健康安全機構が開設する医療機関、地域医療支援病院及び特定機能病院）に対して、地域における今後の方向性について記載した「公的医療機関等2025プラン」を作成し、策定したプランを踏まえ、地域医療構想調整会議において、その役割について議論するよう要請がなされている。対象病院は約830病院である。

　「経済財政運営と改革の基本方針2018（平成30年6月15日閣議決定）」では、「地域医療構想の実現に向けた個別の病院名や転換する病床数等の具体的対応方針について、昨年度に続いて集中的な検討を促し、2018年度中の策定を促進する。公立・公的医療機関については、地域の医療需要等を踏まえつつ、地域の民間医療機関では担うことができない高度急性期・急性期医療や不採算部門、過疎地等の医療提供等に重点化するよう医療機能を見直し、これを達成するための再編・統合の議論を進める」とし、自主的な取り組みによる病床の機能分化・連携が進まない場合には、病床の転換や介護医療院への移行などが着実に進むよう追加的方策を検討するとしている。

② 医療のデジタル化と「Society 5.0」の実現

1　医療のデジタル化

　医療のデジタル化については、厚生労働省「医療分野の情報化推進について」で現状と政策が理解できる。2019（令和元）〜2020（令和2）年の新型コロナウイルス感染症（COVID-19）の感染拡大を機に、特にリモートシステム活用が促進される方向にある。そのため、医療機関における電子カルテの情報共有化や地域包括ケア等における個人健康記録（PHR：Personal Health Record）の充実はもとより、遠隔医療についてさらなる進化が求められる（図5 - 1）。英国の地域包括ケアでは、遠隔医療において、デジタルナース

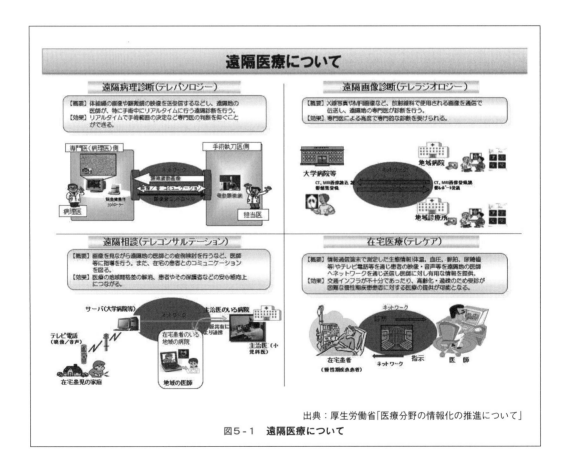

出典：厚生労働省「医療分野の情報化の推進について」

図5 - 1　遠隔医療について

の人材育成が進んでいる。

　日本政府が目指す「Society 5.0」では、2030（令和12）年を目途にサイバー空間（仮想空間）とフィジカル空間（現実空間）を高度に融合させたシステムにより、経済発展と社会的課題の解決を両立する、人間中心の社会をイメージしているが、地域医療福祉サービス提供においては、デジタルとアナログの融合であるネオアナログ情報化社会が期待される[*1]。

　医療分野の抱える課題は次世代情報網である5Gによるデジタルトランスフォーメーション（Dx）によって解決されていく可能性がある。たとえば、ICT環境の充実でオンライン診療やヘルスケアモビリティ（医療MaaS）の拡大、健康・医療・福祉情報の共有化による官民連携（PPP）の促進、災害時の事業継続（BCP）、AIによる健康管理、疾病予防、重症化予防等による生活の質向上のための介入等が考えられる[*2]。

2　医療組織のナレッジマネジメント

　医療組織におけるナレッジマネジメントは、リモートシステムによるコミュニケーション促進によって大きく変化する。マイケル・ポランニーの暗黙知と関連して、一橋大学の野中幾次郎名誉教授のご指摘（日経新聞2020年4月20日）のように、情報通信による形式知はインターネットでいつでもどこでも安価で入手できるようになった。対して、暗黙知はフィジカルなコミュニケーションによって生まれ、共有化されるため、リモートによって伝達されにくいという前提に立つと、形式知より相対的に価値が上がることになる。

　しかしながら、これまでの暗黙知と形式知、つまり、リアルとバーチャル、デジタルとアナログといったふたつの対立概念が変容する可能性が出てきた。つまり、患者と医師の関係をはじめとする人間関係に経験や勘、あるいは縁、知恵といった暗黙知と形式知の間に新しい価値が創造され蓄積されていく。医療組織のナレッジマネジメントは、デジタル化による医療コミュニケーションの進化で質的変化を求められていく。

3　医療と行動経済学的視点の活用

　医療サービスの特性である①医療従事者優位の生産体制（需要予測の困難性、生産の緊急性、情報の非対称・医療従事者と患者間の情報ギャップ）、②誇示的生産関数と非効率の発生、③複合組織のもたらす利害調整の必要性から、医療の質と安全性向上、患者満足度および従業員満足度を高める経営には、行動経済学的アプローチが大事である[*3]。

　人間の意思決定には、何らかのバイアス（たとえば、感情や情報の共感が不完全な状況

＊1　吉長成恭、森下正之編著『デジタル医療・介護を一般診療において実現させる』日本医療企画、2019年
＊2　村井純監修、秋山美紀他編著『価値創造の健康情報プラットフォーム』慶應義塾大学出版会、2016年
＊3　大竹文雄・平井啓編著『医療現場の行動経済学 すれちがう医師と患者』東洋経済新報社、2018年

など）により、合理的な意思決定から逸脱した不合理な意思決定をする傾向がある。医師の科学的根拠に基づく情報は、その表現の仕方（インフォームド・コンセント）によって、患者や家族の意思決定（インフォームド・デシジョン）が違ってくることがある。

　医師の合理的期待値と患者の合理的意思決定の合意形成、たとえば、健康行動変容や健診・検診受診率の向上に行動経済学的研究の成果が参考になる。さらに、行動経済学的特性の「ナッジ（nudge）」の利用は、患者の意思決定に影響を与える。

　2017（平成29）年にノーベル経済学賞を受賞した米国シカゴ大学教授で行動経済学の第一人者リチャード・セイラーは、ナッジを「選択を禁じることも、経済的なインセンティブを大きく変えることもなく、人々の行動を予測可能な形で変える選択アーキテクチャーのあらゆる要素を意味する」と定義している。いわば"軽く肘で突っつく"ようなもので、強制やインセンティブに頼らずに、人を賢い選択へ導く"ちょっとした工夫"をいう。ナッジが患者の行動に影響を与えるためには、医療従事者へのナッジを同時に行うことが有効であるという研究がある。

4　医療経営とSDGsで目指す「Society 5.0」

　人類誕生から「Society 1.0（狩猟社会）」が始まり、新石器時代から社会経済組織の一般的形態として「Society 2.0（農耕社会）」は存在し、18世紀の産業革命で「Society 3.0（工業社会）」に突入した。20世紀後半には、「Society 4.0（情報社会）」としてテクノロジー優先社会が進んだ。また、IoT、AI（人工知能）、ビッグデータなどを利活用した技術革新は第4次産業革命と呼ばれ、動力（化石燃料による蒸気機関）の獲得（第1次産業革命）、電気エネルギー（第2次産業革命）、ITとプログラムの自動化による情報社会（第3次産業革命）に次ぐ、新たな産業構造の改革の契機として位置づけられている。情報社会では、テクノロジーと物質および人間は切り離されている傾向にあったが、21世紀に入り、サイバーとフィジカルをよい意味で融合させ、より人間に優しい社会（Society 5.0）を築こうという試みが始まった。

　日本経済団体連合会（経団連）は、国連が掲げる「SDGs（Sustainable Development Goals：持続可能な開発目標）」の達成に向けて、技術革新を最大限活用することにより経済発展と社会的課題の解決の両立を目指しており、具体的な社会像を「Society 5.0 for SDGs」と位置づけている。

　SDGsは、1992（平成4）年6月の国連環境開発会議（地球サミット、リオサミット）開催から世紀末を経て、2000（平成12）年9月に国連ミレニアム・サミットで採択されたMDGs（Millennium Development Goals：ミレニアム開発目標）の後継として、2015（平成27）年9月の国連サミットで採択された（**表5-1**）。2030年までを達成期限としており、国の政策や企業行動の指針として共有されている。

表5-1　SDGsの経緯

1992（平成4）年	6月	国連環境開発会議（地球サミット、リオ・サミット）開催
2012（平成24）年	6月	国連持続可能な開発会議（地球サミット2012、リオ＋20）開催。地球環境課題（二酸化炭素削減）、社会の変化（科学技術の進歩、グローバル化）など新たな局面や事態の認識を共有化
2000（平成12）年	9月	国連ミレニアム・サミットにて「MDGs（Millennium Development Goals：ミレニアム開発目標）」を採択。量的な開発、特に開発途上国の貧困と飢餓の撲滅が目標として掲げられた
2015（平成27）年	9月	国連サミットにて、MDGsが達成期限を迎えたことを受け、SDGsを中核とする「持続可能な開発のための2030アジェンダ」を採択
2016（平成28）年	5～12月	日本政府（首相官邸）が「SDGs推進本部」を設置、「SDGs円卓会議」における対話を経て、「SDGs実施指針」作成
2017（平成29）年	6月	SDGs推進本部が「ジャパンSDGsアワード」を創設
	12月	SDGs推進本部が「SDGsアクションプラン2018」を公表
2019（令和元）年	6月	SDGs推進本部が「拡大版SDGsアクションプラン2019」を公表
2030（令和12）年		SDGsの達成期限。2030年の世界の姿から遡って、そこに至るまでのプロセスや達成のために必要なことを考え、今の社会とのギャップを埋める←イノベーション

出典：筆者作成

　SDGsには、貧困、飢餓、健康と福祉、教育、エネルギー、気候変動、インフラ、格差、都市問題など17項目の「目標（ゴール）」と具体的な達成目標を掲げた169項目の「ターゲット」およびSDGsの進捗状況を定量的・定性的に計測するための234項目の「インディケーター（指標）」（いくつかのターゲットは同じ指標で計測するため実際の数は232となっている）があり、三層構造になっている（図5-2）。SDGsの視点としては、①17目標の相互関連を見ながら全体に貢献すること（Indivisible Whole：不可分な全体）、②データと指標を基に取り組みの進捗を測って評価することが重要である。

　日本では、持続可能な開発目標（SDGs）推進本部が2017年12月に「SDGsアクションプラン2018」を公表した。その改訂版である「拡大版SDGsアクションプラン2019」を要約すると、以下のとおりである。

①SDGsと連動する「Society 5.0」の推進

　中小企業によるSDGsの取り組み強化などを掲げている。経団連は2017年11月、7年振りに企業行動憲章を改定し、「Society 5.0」のコンセプトのもとSDGsに本気で取り組むとし、経済界を意図した発信を行った。

②SDGsを原動力とした地方創生、強靱かつ環境にやさしい魅力的なまちづくり

　地方創生にSDGsを活用していこうという流れがある。「SDGs未来都市」は、その象徴的な動きの1つで、2018（平成30）年には29の都市が選ばれた。そのうち特に先導的な

SDGs未来都市10事業を「自治体SDGsモデル事業」として選定し、合計3億円以上の補助金を交付して推進している。

③SDGsの担い手として次世代・女性のエンパワーメント

女性活躍推進、高校無償化、高齢化などの流れがある。

このように、「Society 5.0」の実現に向けた社会経済の行動指針であるSDGsは、地域における医療機関の経営においても重要なテーマとなる。コトラーのマーケティング4.0とSDGsによる2030年を目指した創造社会に向かって、医療経営における理念や人的資源、遠隔医療等の情報技術を適応させ、地域社会における人々の生活様式の変容に対応した経営の質と医療の質を向上させることが重要であると考えられる。

図5-2　SDGsにおける17項目の目標（ゴール）

確認問題

問題 1 　医療のデジタル化について、次の選択肢のうち誤っているものを1つ選べ。

〔選択肢〕

①「Society 5.0」の実現により、サイバー空間（仮想空間）とフィジカル空間（現実空間）を高度に融合させたシステムが誕生する。

②ICT環境の充実で、オンライン診療やヘルスケアモビリティ（医療MaaS）が進展する。

③健康・医療・福祉情報の共有化により、官民連携（PPP）の促進が図られる。

④AIによる健康管理、疾病予防、重症化予防のための介入が可能となる。

⑤リモートシステムの活用により、暗黙知よりも形式知のほうが相対的に価値が上がる。

確 認 問 題

⑤

①○：経済発展と社会的課題の解決を両立する、人間中心の社会の実現を目指
　　している。

②〜④○：次世代情報網である5Gによるデジタルトランスフォーメーション
　　　（DX）によって医療分野の課題解決が期待されている。

⑤×：暗黙知の価値が上がる。暗黙知はフィジカルなコミュニケーションに
　　よって生まれ、共有化されるため、リモートによって伝達されにくいという
　　前提に立つと、形式知より相対的に価値が上がることになる。

索　引

[る]

[ろ]

[わ]

著者紹介

吉長　成恭 <small>（よしなが・はるゆき）</small>

広島大学大学院人間社会科学研究科　客員教授
広島経済大学　特別客員教授

広島県生まれ。

広島大学医学部第三内科、医局長、講師を経て、広島修道大学大学院商学研究科博士後期課程商学学専攻（広告論）、広島大学大学院社会科学研究科博士後期課程経済学専攻（ファイナンス講座）。パリ大学アジア・オリエント部門講師、国立パリ商学高等研究院（エコール・ド・コマース）講師、国際標準化機構ツーリズム＆関連サービス技術委員会国際登録委員（ISO/TC228 Tourism and related services Global Directory registered）（経済産業省基準認証ユニット）、国土交通省PPPサポーター（国土交通省総合政策局社会資本整備政策課）。

主な著書に、『医療・福祉PFI』（共著、日刊工業新聞社、1999年）、『実践・医療福祉PFI』（共著、日刊工業新聞社、2001年）など。

研究分野は、医療経営学、ヘルスケア・マーケティング、園芸福祉／園芸療法、感性デザイン＆マーケティング。

脳神経内科医、医学博士、商学修士、漢方専門医。

NOTE

医療経営士●中級【一般講座】テキスト1［第2版］

医療経営概論——病院の経営に必要な基本要素とは

2020年8月7日　第2版第1刷発行

著　　　者　吉長　成恭

発 行 人　林　　諄

発 行 所　株式会社 日本医療企画

　　　　　〒104-0032　東京都中央区八丁堀3－20－5 S-GATE八丁堀

　　　　　TEL 03-3553-2861（代）　http://www.jmp.co.jp

　　　　　「医療経営士」専用ページ　http://www.jmp.co.jp/mm/

印 刷 所　図書印刷 株式会社

『医療経営士テキストシリーズ』全40巻

※タイトル等は一部予告なく変更する可能性がございます。